LA

PAIX DE PARIS

EST-ELLE

UNE PAIX SOLIDE?

BRUXELLES. — TYP. DE J. VANBUGGENHOUDT,
Rue de Schaerbeck, 12.

LA
PAIX DE PARIS

EST-ELLE

UNE PAIX SOLIDE ?

PAR

UN ANCIEN DIPLOMATE.

Amicus Plato, amicus Aristoteles, sed
magis amica veritas.

BRUXELLES,

IMPRIMERIE ET LITHOGRAPHIE DE J. VANBUGGENHOUDT.
Rue de Schaerbeek, 12.

1856

LA

PAIX DE PARIS

EST-ELLE UNE PAIX SOLIDE?

I

Lorsque en 1853, quelques milliers de soldats russes, légèrement équipés traversaient le Pruth, il n'y avait personne en Europe peut-être qui ne fût persuadé que, cette fois encore, il ne s'agit d'une de ces évolutions théâtrales qui n'exigent dans les figurants que des visages et des allures de circonstance, pour impressionner les spectateurs ; et comme on s'imaginait que la représentation n'aurait pour témoins que les Turcs seuls, on pouvait compter d'avance sur l'effet produit par la pièce. Cet espoir était d'autant plus fondé que non-seulement la Russie, mais encore

d'autres grandes puissances s'étaient bien des fois
servies de démonstrations de ce genre sans qu'elles
aient été prises au sérieux, et, par conséquent, sans
avoir troublé la paix du monde. Il suffit de rappeler le
célèbre coup de main effectué par le gouvernement
britannique contre la Grèce pour la contraindre de
solder la note assez peu présentable d'une espèce de
juif anglais. Cependant cette brusque équipée, qui
certes offrait toutes les apparences d'un projet d'envahissement aussi attentatoire à l'équilibre européen
qu'injurieux aux puissances protectrices, ne produisit
pas de bien vives alarmes, parce que, malgré l'indignation très-légitime quelle fit naître, tout le monde était
persuadé que la confiscation momentanée du commerce hellénique n'avait pour but que d'enlever par
voix d'intimidation ce que le ministère anglais n'aurait pu obtenir par les voies régulières de la diplomatie, qu'en se soumettant à des longueurs et à des
délais interminables.

La doctrine (à la vérité peu morale) des démonstrations militaires devait donc, en 1853, n'avoir rien
d'insolite ou de blâmable aux yeux des grandes puissances européennes, et elles étaient, sans doute, loin
de se méprendre sur la nature et sur le but de l'occupation des Principautés par les troupes russes. Personne ne pouvait considérer cette mesure autrement
que comme une pression passagère exercée (un peu
à l'anglaise) sur le ministère ottoman pour le forcer
à faire droit sous bref délai aux exigences du cabinet
de Saint-Pétersbourg; exigences, à coup sûr, pour le

moins aussi légitimes que l'étaient celles de dom Pacifico, en faveur duquel l'Angleterre a cru devoir agir avec tant de promptitude et d'énergie, que, sans avertissement préalable et en pleine paix, elle est venue braquer ses canons contre le palais d'un souverain indépendant. Au reste, le ministère anglais lui-même non-seulement reconnaissait la justice des exigences de la Russie, mais encore il approuvait les mesures coercitives employées pour les faire valoir. Aucun doute à cet égard n'est resté possible depuis la publication de la correspondance secrète qui eut lieu sur cet objet entre les deux cabinets.

La preuve en est facile. Dans sa dépêche n° 2, en date de Saint-Pétersbourg, 23 janvier 1853, lord Seymour, ambassadeur britannique près de l'empereur Nicolas Ier, écrit à la Reine : « J'exprime à Sa Majesté la conviction que la négociation, *appuyée de la menace et de mesures militaires,* suffira pour assurer une réponse favorable aux *justes demandes* de la Russie. » Dans une autre dépêche adressée au comte de Nesselrode (Saint-Pétersbourg, 10 janvier 1854), le même ambassadeur décline toute participation de l'Angleterre au système de pression que la France a pu exercer sur la Turquie pour obliger le Sultan de ne point faire droit aux réclamations qui lui étaient faites. Elle déclare qu'au contraire, les conseillers de la Reine ont demandé qu'une *ample satisfaction fût donnée aux exigences que le gouvernement russe est fondé à faire valoir.*

Enfin, ce qui devait éloigner des esprits les plus

prévenus toute idée de conquête de la part de la
Russie, c'était l'époque même à laquelle eut lieu le
mouvement de ses troupes, et surtout leur nombre
restreint. Quel est, en effet, l'homme assez dédai-
gneux des premiers éléments de la logique pour re-
fuser gratuitement à l'empereur Nicolas le plus léger
grain de bon sens, en lui prêtant un projet qui sup-
poserait l'absence de toute faculté mentale? Il eût été
dans un état semblable le souverain qui, agité par la
pensée de l'envahissement de Constantinople, aurait
laissé passer, les bras croisés, toute une longue pé-
riode de troubles si favorables à l'accomplissement de
ses vues ambitieuses, pour sortir soudain de son som-
meil au moment même où l'Europe venait de recou-
vrer toute sa force et toute son unité d'action! C'est
au milieu de pareilles conjonctures que l'empereur
Nicolas se serait rappelé ses projets, et que pour les
réaliser il aurait envoyé *douze mille* hommes, en leur
ordonnant de ne rien emporter avec eux de ce qu'exi-
gerait une campagne sérieuse; ordres qui ne furent
que trop ponctuellement exécutés, comme ont pu s'en
convaincre tous ceux qui eurent l'occasion de voir
cette redoutable armée *conquérante* misérablement
campée dans les plaines marécageuses de la Valachie,
qu'elle aspirait à quitter d'un jour à l'autre pour re-
passer la frontière. Rien ne causait plus de surprise
aux agents de toute nationalité, fréquemment envoyés
de Constantinople, que cette attitude nonchalante et
peut-être trop naïvement pacifique de l'armée russe,
en présence de l'Europe entière se préparant à une

lutte gigantesque dont la Russie ne rêvait seulement pas la possibilité.

Il est donc démontré qu'à l'instant où les puissances occidentales poussèrent le cri de détresse en faveur de la Turquie, les hommes d'État chargés de tirer la cloche d'alarme savaient parfaitement leurs rôles, et qu'ils se présentaient sur la scène avec des costumes et des figures dès longtemps et artistement composés.

II

Si aucun des prétendus champions de la Turquie n'avait le droit de la croire sérieusement menacée dans son intégrité ou dans son existence territoriale, si la véritable portée de l'occupation des Principautés ne pouvait échapper aux hommes les moins clairvoyants, serait-il possible d'admettre que la crainte de voir cette démonstration obtenir le résultat qu'elle se proposait, fut un motif suffisant pour déterminer l'Europe à sacrifier la fleur de ses armées et à dépenser plus de sept milliards (1)? Évidemment non,

(1) L'*Indépendance belge* évalue de la manière suivante les frais supportés dans la guerre d'Orient par les parties belligérantes, ainsi que par l'Autriche et la Prusse : la France, 5 milliards 500 millions de francs; l'Angleterre, 2 milliards 500 millions; l'Autriche, un milliard 140 millions; la Russie, 524 millions (en ne comptant que le seul emprunt); la Turquie, 120 millions; la Prusse, 97 millions; la Sardaigne, 80 millions.

car, depuis que les documents relatifs aux négociations qui eurent lieu entre le ministère ottoman et le prince Mentchikoff ont été livrés à la plus complète publicité, tout le monde a pu étudier et réduire à leur juste valeur ces terribles exigences de la Russie, que l'on a forcé la Porte de considérer comme son arrêt de mort. Tout le monde sait maintenant qu'elles consistaient uniquement en ce que les droits et prérogatives dont jouissaient depuis longtemps les chrétiens grecs, droits qui venaient d'éprouver une nouvelle atteinte, devinssent l'objet d'une stipulation sérieusement établie, laquelle empêcherait désormais la Turquie d'éluder l'exécution de ses promesses. En cette circonstance, le Tzar se trouvait exactement dans la position d'un homme qui déclare que, puisque les assurances qu'il a reçues n'ont point eu leur effet, il ne lui est plus possible d'y avoir confiance, à moins que les paroles ne revêtent le caractère invariable et ostensible d'un engagement par écrit. Voilà toute l'étendue de l'exorbitante prétention de la Russie. Or, de semblables prétentions ont été fréquemment formulées et sanctionnées par des traités solennels, non-seulement entre plusieurs puissances chrétiennes, mais même entre ces dernières et les États musulmans, car parmi les traités qui se sont succédé depuis le grand pacte européen de Westphalie jusqu'à nos jours, nous en trouvons beaucoup qui consacrent par des engagements positifs les intérêts et les priviléges accordés aux coreligionnaires de l'une des parties contractantes, sans que l'autre ait cru y voir la moindre

atteinte à ses droits souverains ou à la sécurité de ses
États.

III

En passant en revue les causes propres à motiver
la croisade prêchée contre la Russie, nous avons vu
que parmi ces causes ne pouvaient figurer ni l'immi-
nence de la prise de Constantinople par l'empereur
Nicolas, l'accomplissement d'un tel projet étant tout
à fait chimérique dans la position des affaires géné-
rales de l'Europe, ni la nature des prétentions du
Tzar, puisque l'Angleterre elle-même en avait re-
connu la légitimité, ni enfin la crainte de voir ce monarque obtenir par leur réalisation une prépondérance alarmante pour la Turquie, puisque l'engagement exigé du Sultan devait avoir pour objet, non
de rien ajouter aux priviléges dont sont investis les
chrétiens du rite grec, mais simplement de les conserver intacts. Il est donc évident que si de pareils motifs
ne suffisaient en aucune façon, je ne dis pas à *justifier*, mais seulement à *prétexter* la conflagration qui
embrasa l'Europe comme par enchantement, il faut
admettre l'existence de causes assez puissantes pour
qu'une si faible étincelle ait produit une aussi terrible
explosion.

Ces causes, on les trouve dans la situation particulière de l'Europe au moment où l'empereur Nicolas posa imprudemment le pied sur un sol déjà miné de toutes parts. La France, arrachée à une agonie dont les mesures les plus radicales avaient seules le pouvoir de conjurer les suites, venait de prendre une position qu'il fallait nécessairement inaugurer par un fait éclatant. Le coup d'État du 2 décembre 1852 ne pouvait être consolidé que par un autre coup de politique qui plaçât le souverain aussi haut dans la société des rois qu'il se trouvait placé au milieu de son peuple. D'ailleurs, ce peuple était un convalescent qu'il était indispensable non-seulement de distraire et de familiariser avec la transformation qu'il venait de subir dans tous ses organes vitaux, mais auquel il fallait encore inspirer du goût pour son nouveau régime, et même suggérer le désir d'y persévérer, avant qu'il eût eu le temps ou l'occasion de l'examiner de trop près à la loupe. Or, rien ne s'empare aussi complétement de l'esprit français et ne fait taire toutes ses autres préoccupations que les sentiments de gloire et d'honneur national ; il n'y a point de pays où l'on soit plus prompt à suivre aveuglément quiconque marche en avant, une branche de laurier à la main ; ce modeste végétal dût-il tenir lieu de nourriture dans les déserts, de vêtement au milieu des neiges.

Depuis la chute du premier Empire, la France croyait avoir un gros compte à solder ; déchue de son rang légitime, elle attendait l'occasion de le revendiquer. Aucun de ses agitateurs politiques n'avait trouvé les circonstances assez favorables pour tirer parti, au profit de son système, de ces dispositions du pays; il était réservé à la sagacité de Louis Bonaparte de faire jouer, au moment voulu, ce tout-puissant ressort. L'homme extraordinaire qu'un concours de circonstances uniques dans les annales du monde a placé à la tête de la plus ingouvernable nation de l'Europe, saisit avec le coup d'œil du génie tous les avantages et tous les dangers de sa position. Il comprit que pour utiliser les uns et se débarrasser des autres, il fallait opérer la fusion des éléments les plus disparates et par là les forcer de s'identifier à sa personne. Le creuset le mieux approprié à cette transmutation de la matière politique, c'était le sentiment du patriotisme et de la gloire nationale : avec un pareil talisman, Napoléon III était sûr d'attirer ses amis et ses ennemis, et de les faire travailler, pêle-mêle, autour de lui et pour lui. En identifiant ses couleurs avec celles de la France, il imposait à tout Français le devoir de les adopter; en sorte qu'il suffisait de les avoir portées un seul jour pour ne pouvoir plus renier une certaine solidarité avec le nouveau gouvernement. Bref, une lutte entreprise dans le but de reconquérir à la France ses anciens titres à l'influence et à la confiance européennes, et pour l'enrichir de nouveaux lauriers, devenait pour le souverain de son choix une nécessité absolue; il saisit donc avec empressement l'occasion que lui offrait l'empereur Nicolas, qui certes ne se doutait nullement des mille joies secrètes que couvrait de son épais manteau

la feinte colère dont sa personne était l'objet à Paris
et à Londres.

IV

La position de l'Angleterre était bien différente de
celle de la France quant aux motifs réels de la guerre
en elle-même; mais les deux pays s'unissaient intime-
ment dans la pensée que l'entreprise était utile, nécessaire, sous la réserve, bien entendu, de la faire
tourner à leur avantage particulier.

Depuis longtemps déjà, le cabinet de Saint-James
suivait avec un effroi légitime le développement progressif du colosse du Nord; chaque année lui faisait
découvrir de nouveaux jalons moscovites plantés le
long de la grande voie qui conduit vers l'Asie centrale; en sorte que, sans juger la Russie capable de
transporter pour le moment ses armées à travers les
immenses et inhospitalières contrées qui séparent ses
propres frontières des possessions britanniques dans
les Indes, la Grande-Bretagne pouvait admettre avec
raison que le temps applanirait bien des obstacles qui
actuellement paraissent infranchissables, et qu'en
avançant lentement, mais avec persévérance, et en se
servant du caducée de Mercure plutôt que du glaive
de Mars, le colosse, aujourd'hui si lointain, finirait par

se rapprocher assez de l'empire Anglo-Indien pour être à même de se pencher sur le bord de cet Eldorado, et de là souffler de temps à autre des paroles incendiaires aux oreilles des cent millions d'esclaves courbés sous le sceptre mercantile d'une royauté de comptoir. Dans ces dangereuses conversations le Goliath moscovite pourrait laisser tomber quelques mots sur les tortures et les abominations que depuis tant de siècles les Indiens supportent patiemment, et sur les chances de succès que présenterait à leur immense population une levée en masse, organisée par des chefs européens qui mettraient en usage toutes les ressources de la science militaire moderne (¹).

(¹) Ce n'est que tout récemment que le long cri de douleur qui depuis des siècles s'élève du sein des Indes britanniques, est venu frapper l'oreille étonnée de l'Europe. Lorsqu'au mois de juillet 1854, un membre du Parlement annonça à la Chambre des Communes que les employés des Indes orientales faisaient usage de la torture, cette déclaration fut accueillie par une explosion générale d'indignation, non contre ces employés, mais contre l'audace de leur prétendu calomniateur. Cependant, forcé par l'opinion publique, le gouvernement nomma une commission qui se rendit sur les lieux et qui ne put s'empêcher de révéler au monde l'horrible vérité. L'imagination la plus infernale essayerait en vain d'enfanter un tableau aussi révoltant que celui des souffrances des malheureux Indiens. Tout ce que l'inquisition ou les bourreaux les plus ingénieux de l'antiquité ont jamais inventé pour prolonger les tortures de la mort, pour varier et augmenter les angoisses de la douleur, reste bien au-dessous des procédés employés dans les Indes britanniques par les percepteurs des impôts. Dans la longue liste que donne de ces procédés la *Revue d'Édimbourg*, en observant expressément qu'elle a dû en retrancher tous ceux qu'une langue européenne se refuse de formuler, figurent la lacération et l'arrachement des organes avec des tenailles rougies au feu, l'introduction dans les plaies, d'insectes ou de reptiles rongeurs, l'infiltration de poivre rouge dans les yeux, dans les narines et dans tous les orifices du corps, etc., etc. Il est assez curieux d'observer que beaucoup de journaux d'Europe publièrent la nouvelle de ces terribles révélations (entre autres le *Journal des Débats* du 5 mars 1856), précisément à l'époque de la réunion à Paris du Congrès qui devait mettre fin à la guerre

Enfin, le danger dont la Russie menacerait un jour,
sinon les Indes orientales elles-mêmes, du moins

entreprise par la *civilisation contre la barbarie !* — Et c'est au milieu des
gémissements et des malédictions de ses propres sujets indiens que l'Angleterre élève sa voix pour protester contre le sort des sujets de puissances
étrangères ! C'est en vain que l'on voudrait excuser le gouvernement britannique par l'ignorance où il se serait trouvé des horreurs commises dans les
Indes ; cette ignorance, en l'admettant même possible, ne diminuerait en
rien la responsabilité de la métropole. Au reste, on n'a pas besoin des tortures des malheureux Indiens pour prouver combien dans l'exploitation de
ses colonies, l'Angleterre n'a en vue que le bénéfice matériel qu'elle en retire
sans se préoccuper de l'état moral et du bien être de ses sujets étrangers.
Entre autres preuves, on peut citer les faits suivants que nous fournit l'ex-
cellent travail de M. J.-J. Plath, sur l'éducation publique dans les Indes
(Voy. *Zeitschr. für allg. Erdkunde*, Berlin, t. VI, p. 252) : Lorsqu'en 1793,
M. Willberforce proposa à la Chambre des Communes d'établir dans les
Indes des écoles publiques, *l'India house* protesta contre cette mesure en
la déclarant ruineuse pour son pouvoir et son crédit qui ne pouvaient être basés,
disait *l'India house*, que sur l'ignorance complète de la population indienne.
Depuis cette époque le gouvernement anglais conserva intactes, pendant
près d'un demi-siècle, les ténèbres où la compagnie avait plongé ce malheureux pays ; ce ne fut qu'en 1842 que le Parlement y décréta la création
d'écoles publiques, en affectant à cette destination une somme annuelle
de 42,500 liv. st. (1,037,500 fr.), ce qui ajouté aux 5,600 liv. (95,400 fr.) que
payent annuellement les élèves des différentes écoles du Bengal, constitue
un total de 47,000 liv. st. (1,115,000 fr.); c'est tout ce que l'Angleterre
accorde à l'éducation de 40 millions d'individus parmi lesquels il n'y a con-
séquemment qu'*un seul* individu *sur* 10,000 qui puisse participer aux avantages de l'instruction donnée par l'école. On voit que sous le rapport de
l'action civilisatrice du gouvernement, les provinces les plus barbares de la
Turquie et de la Perse n'ont rien à envier aux sujets britanniques des Indes
orientales ; et encore, tout ce qui concerne cet immense Empire, n'est que
très-imparfaitement connu en Europe, tandis que les autres nombreuses
colonies que l'Angleterre possède sur les points les plus opposés de notre
globe, échappent le plus souvent complétement aux regards indiscrets des
étrangers qui se contentent de reproduire tout ce que les journaux anglais
jugent à propos de débiter. Ainsi, on parle souvent en Europe du roi des
Mosquitos comme d'un prince qui s'est volontairement placé sous le protectorat de l'Angleterre, mais bien peu de personnes savent que le prétendu
souverain n'existe pas, et que cette fiction dont le public *européen* est dupe,
a été forgée pour motiver l'envahissement d'une contrée fort importante pour
les vues politiques et commerciales de la sagace Albion. On peut lire de
curieuses révélations à cet égard dans une communication faite par M. André
au journal de Géographie de Berlin (*Zeitchrift für allg. Erdk.*, v. VI, p. 18,

l'échafaudage sur lequel repose l'influence anglaise dans le continent asiatique, ce danger, dis-je, est d'une nature assez grave pour que les hommes d'État de la Grande-Bretagne aient senti le besoin d'aviser aux moyens de le conjurer, en arrêtant le mouvement sans cesse progressif de sa formidable rivale du côté de l'Asie.

A mesure que cette nécessité devenait plus urgente, elle devait causer des préoccupations plus graves, et cela pour deux motifs : d'abord, parce que le gouvernement de la Grande-Bretagne savait parfaitement que, pour attaquer la Russie, ses flottes ont besoin de la coopération d'une nombreuse armée de terre ; ensuite, parce qu'il ne voyait pas quel artifice employer pour obtenir cette coopération de la part d'une puissance de premier ordre, sans avoir l'air de lui demander son sang et son argent au profit d'une nation qui a la réputation légitiment acquise d'immoler tout à son égoïsme. Cela explique les transports de joie avec lesquels l'Angleterre salua l'avénement du nouvel Empire, qu'elle sut parfaitement apprécier

année 1856) et dans laquelle sont rapportés les ignobles moyens qu'emploient les autorités anglaises de Belize pour décorer du titre de roi un individu quelconque (souvent un de leurs matelots) qu'elles transportent dans la misérable ville de Bluefield où le drapeau du royaume-uni flotte au-dessus de la hutte construite pour ce roi de vaudeville. Comme de raison, les habitants du pays ignorent complétement son existence, ce dont les Anglais ne se soucient guère, car l'essentiel pour eux est de la faire admettre en Europe et de motiver à ses yeux la prise de possession d'un vaste pays dont le protectorat est censé leur avoir été accordé par un souverain postiche. De cette manière, la Grande-Bretagne s'est ménagée dans l'Amérique centrale une position qui la rendra maîtresse de la riche voie commerciale que créera sous peu le percement de l'Isthme de Panama.

avec toutes ses conséquences. Tant qu'elle ne vit dans le Président qu'un homme entreprenant, mais dont l'ambition n'avait pas encore un but assuré, la Grande-Bretagne ne nourrissait pour sa personne qu'une répugnance mêlée de crainte, et ces sentiments s'exhalaient sans cesse par les violentes invectives de ses journaux contre le destructeur de la république. Mais elle n'eut pas plutôt connaissance des actes imprudents de l'empereur Nicolas, que le buste qui rappelait aux libéraux anglais l'effigie de Néron prit tout à coup les traits de Titus, délices du genre humain. L'Angleterre comprit que l'instinct impérieux qui poussait le gouvernement français à une entreprise éclatante, rencontrait enfin un objet digne de lui, et que la Russie devenait un paratonnerre vers lequel allait se diriger la foudre qui peut-être serait tombée sur le sol britannique, ou même sur celui de l'Allemagne.

<h2 style="text-align:center">V</h2>

Un concours miraculeux de circonstances avait donc subitement rendu possible, aux yeux de l'Angleterre, la réalisation d'un projet qu'elle n'a jamais cessé de caresser comme un rêve chéri, comme une brillante chimère. Au lieu d'attendre de quelque puissance éloignée une coopération tardive et d'une sincérité équivoque, elle la reçoit inopinément de son formidable voisin, son ennemi séculaire. Jamais la France royale ou républicaine n'aurait pu, dans des circonstances semblables, s'unir à l'Angleterre contre la Russie; ses tribuns ou ses hommes d'État l'en auraient empêchée, en s'appuyant sur les intérêts *matériels* du pays. La France impériale accepta cette alliance, parce qu'elle n'y voyait pour objet que la satisfaction de besoins *moraux*, et qu'elle était assurée qu'en marchant avec la Grande-Bretagne, elle ne s'exposait point au reproche d'être à sa remorque. Bien loin de là, elle s'engageait dans une voie tellement nationale et dont le terme et le but étaient si nettement tracés, que, dès le commencement, tout homme doué de prévoyance sentit que l'Angleterre faisait les affaires de la France, plutôt que la France ne se sacrifiait aux intérêts de l'Angleterre. Il en est souvent des nations comme des individus : on s'engage dans une entreprise commune avec des intentions secrètes très-divergentes, et l'on continue à agir de concert, en attendant l'heure qui prouvera lequel des sociétaires a été dupe de l'autre. La chose se passa exactement ainsi dans le cas actuel : la France et l'Angleterre proclament hautement les mêmes intentions et le même but; on s'embrasse, on s'attendrit mutuellement sur la pureté de cette angélique association; on maudit l'infâme ambition de l'empereur Nicolas qui va faire verser tant de sang, et on se jure foi et fidélité éternelle en faveur de cette intéressante Turquie que l'on promène devant l'Europe, tantôt sous la forme de

l'agneau, tantôt sous celle du lion. Enfin, les costumes
revêtus, souffleurs et claqueurs convenablement disposés, et la grande caisse de l'orchestre mise en branle,
Oreste et Pylade, suivis du chœur et des personnages
muets, entrent en scène, exécutent de nombreuses
évolutions, et se retirent en déclarant au public que
la pièce a été donnée à son bénéfice et sans rétribution
aucune pour les acteurs. Maintenant, la toile est
tombée, claqueurs et spectateurs s'éloignent en silence,
les uns pour compter leur recette et chercher de
nouveaux patrons, les autres pour réfléchir sur les
choses étranges qu'on leur a fait voir. Nous pouvons
donc, à notre tour, nous demander quel a été le vrai
dénoûment du drame et si chacun des personnages
a réellement atteint le but qu'il se proposait dans cette
bruyante et énigmatique représentation. La réponse
à ces questions se trouve dans le traité que vient de
signer le congrès de Paris; nous allons l'examiner,
pour savoir jusqu'à quel point se sont réalisées les
espérances des parties belligérantes, et quelles conséquences résulteront pour l'avenir du nouvel ordre
de choses qu'il a créé.

VI

Quand on considère sans prévention et sans par-
tialité les motifs et l'objet réels que chacun des alliés

envisageait en entreprenant cette lutte terrible, on est naturellement amené à se dire que la France et l'Autriche sont les seules qui aient plus ou moins obtenu le prix de leurs efforts.

En se plaçant par des succès brillants à la tête des grandes nations de l'Europe et en révélant au monde étonné l'*impotence* militaire de son opulente rivale, la France a repris triomphalement son rang légitime dans l'aréopage des rois, et vengé d'une manière aussi éclatante que chevaleresque l'échec de Waterloo et les injures de Sainte-Hélène. De plus, par les liens indestructibles de l'honneur national, elle a rattaché au chef de la nouvelle dynastie tous les partis politiques, en les forçant de recevoir de ses mains la gloire à l'extérieur, comme ils en avaient reçu la paix et l'ordre dans l'intérieur. La politique de l'empereur Napoléon III est donc couronnée par le succès, et le canon qui annonça la chute de Sébastopol disait clairement à l'Europe que le rôle de la France dans ce drame sanglant était terminé, et que la dignité et les besoins de son gouvernement ne lui permettaient point d'en accepter un autre.

Dans ce qu'il est convenu d'appeler la *question orientale,* la position et par conséquent les vues et les intérêts de l'Autriche étaient bien différents de ceux de la France. Comme cette dernière, elle ne pouvait admettre sincèrement ni l'existence des prétendus dangers auxquels se trouvait exposé l'empire ottoman, ni la nécessité qu'on en déduisait pour elle de faire la guerre à la Russie; mais le cabinet de Vienne devait voir avec satisfaction toute catastrophe capable de débiliter son formidable voisin, dont il n'avait jamais été mis à portée de mieux apprécier la puissance et les ressources, que depuis que l'empereur Nicolas avait tiré l'épée pour la défense de la maison de Habsbourg, placée dans la terrible alternative ou de périr sous les coups de ses propres enfants, ou d'accepter son salut d'une main étrangère.

Le projet de l'Autriche de contribuer à l'affaiblissement de la Russie n'était pas de nature à se traduire par un plan de conduite arrêté d'avance dans tous ses détails, et formulé avec cette précision avec laquelle les gouvernements français et anglais se rendaient compte de ce que chacun d'eux considérait comme but et objet réels de la guerre. Il n'entrait nullement dans les intérêts de l'Autriche de joindre ses armes à celles des parties belligérantes, parce que, en ayant l'air d'être en bonne intelligence avec tout le monde, elle laissait au temps seul le soin de travailler en sa faveur, sans verser une goutte de son propre sang. En effet, elle devait bien prévoir que les forces réunies de la France et de l'Angleterre, appuyées des mesures énergiques qu'elle-même pouvait employer sans marcher ostensiblement sous les drapeaux de ses alliés, finiraient tôt ou tard par amener une paix qui, tout en sauvegardant l'honneur de la Russie, donnerait la sanction d'un fait accompli à la destruction de la flotte de la mer Noire, ainsi qu'à l'affranchissement du Danube et des Principautés de l'influence sans cesse croissante du colosse du Nord.

Cette politique, qui pour l'Autriche avait l'avantage de la soustraire aux sacrifices de la guerre, lui assurait beaucoup mieux les résultats qu'elle avait en vue, que si elle se jetait étourdiment dans une lutte directe avec la Russie. Bien qu'attaqué de tous cotés, ce géant, qui, comme il vient de le prouver, n'est point *aux pieds d'argile,* aurait peut-être bien fait voir à l'Autriche que le bras qui sauva sa capitale des mains des Hongrois était encore assez vigoureux pour l'atteindre et la livrer à ces derniers! Au lieu de se mesurer avec les nombreuses troupes russes échelonnées devant ses frontières, ne faisait-on pas preuve d'habileté en les tenant en échec, afin de donner aux alliés l'occasion et le temps de frapper inopinément la Crimée, où personne ne s'attendait à les voir porter leurs forces? De cette manière, l'Autriche paralysait sans coup férir la plus belle partie de l'armée russe et riait sous cape des alliés.

Mais en supposant, ce qui n'est nullement probable, que la France fût en mesure d'envoyer au secours de l'Autriche une armée de deux cent mille hommes, et que, appuyée de ce renfort, qui eût bien vite rejeté au second plan les soldats à tuniques blanches, l'Autriche se fût trouvée assez forte pour attaquer la Russie avec tant d'avantages, que le remaniement de la carte d'Europe serait devenu le résultat de cette lutte, croit-on que l'empereur François et ses ministres pouvaient désirer un semblable résultat? Non certes. Ils savaient parfaitement que dans le partage des dépouilles opimes, la 'part du lion ne serait pas

la leur, et que si les Anglais ou les Français s'établissaient dans la Crimée, le commerce autrichien encourrait un danger auquel il n'est exposé ni de la
part des Turcs, ni même de la part des Russes. Ainsi
donc, il ne convenait en aucune façon à l'Autriche de
pousser l'affaiblissement de la Russie au delà des
limites des intérêts *autrichiens;* et ces limites, qui
s'arrètaient à la destruction de la flotte de la mer
Noire et à l'affranchissement du Danube et des Principautés, ne pouvaient être atteintes de la manière la
plus avantageuse et la plus économique pour cette
puissance que par une neutralité adroite, qui lui
permit de diriger le torrent dans le lit qu'elle lui
avait creusé, et de l'arrêter au moment où il menacerait d'en sortir.

Or, tous ces calculs d'une politique assez habile
pour se croire dispensée d'être honnête, se sont admirablement réalisés. L'Autriche est débarrassée de la
gênante prépondérance russe dans les Principautés;
le Danube devient pour son commerce une veine
d'exploitation qui n'aura rien à redouter de la concurrence étrangère, une fois que les centres de l'industrie
nationale se trouveront reliés à ce fleuve magnifique
par un réseau de voies de fer; enfin, l'immense développement du Loyd autrichien dans la mer Noire
recevra un nouveau gage de sécurité, par le terrible
échec que vient d'y subir la domination russe, et
luttera avantageusement contre l'Angleterre, qui
seule en ce moment peut disputer à l'Autriche le
monopole des transactions commerciales avec le

continent asiatique, à l'aide du pont mobile de pyroscaphes jeté entre Constantinople et Trébisonde. On le voit, la mer Noire continuera, comme par le passé, à être commercialement dominée par l'Angleterre et l'Autriche, sans que la France ait lieu de se flatter d'avoir tiré un parti quelconque de ce qu'on a appelé, dans le pompeux langage de la diplomatie, *la neutralisation de la mer Noire*, fait qui, après tout, n'a qu'une signification politique et nullement commerciale, puisque le Pont-Euxin a toujours été ouvert aux vaisseaux marchands de l'Europe entière. Sous ce rapport, la position des nations commerciales n'a donc point été modifiée par le traité de Paris : celles qui, comme l'Angleterre et l'Autriche, avaient réussi à s'y assurer une place avantageuse, ont la faculté de l'agrandir; la France, au contraire, et celles qui se sont laissé écarter par la concurrence, ou n'ont pas su exploiter avec habileté cette branche industrielle, ne gagneront absolument rien à la disparition de la flotte russe sur les eaux de la mer Noire.

En somme, l'Autriche a tout lieu de se féliciter d'avoir touché le but qu'elle a cru devoir se proposer dans le grand conflit oriental; sa satisfaction sera même d'autant plus sincère, que la polique du cabinet de Vienne n'a jamais eu la prétention de donner dans la sentimentalité ou dans les sensibleries chevaleresques. Les hommes à tête forte et à conscience facile qui le composent, se moquent très-cordialement des rêveurs surannés qui, à la vue d'un bon coup de filet politique, demandent avec anxiété si les moyens employés sont honorables et si, tout en admirant l'adresse du pêcheur, on peut lui accorder de l'estime. Jamais le cabinet de Vienne n'a convoité ni l'hommage vulgaire de l'honnête homme, ni l'encens peu substantiel de la gloire militaire. Aussi doit-il approuver sincèrement les paroles du prisonnier suisse qui, interpellé par un général de dire pourquoi les braves Helvétiens se font tuer pour de l'argent, tandis que ses compatriotes à lui ne meurent que pour la gloire, répondit : « Chacun se bat pour gagner ce qui lui manque. »

VII

Après avoir signalé les puissances qui ont réellement atteint le but plus ou moins ostensible qu'elles se proposaient dans le conflit oriental, parlons de celles qui n'y ont rien gagné de ce qu'elles cherchaient : parmi ces dernières, la Grande-Bretagne brille au premier rang. Quand on songe aux motifs réels qui ont déterminé ce pays, si avare du sang de ses enfants, si ennemi des dépenses improductives, à sacrifier la majorité de ses troupes régulières et plusieurs milliards de francs, on est frappé de l'immense disproportion qui existe entre les efforts et les résultats

auxquels ils ont abouti, mais surtout entre ces derniers et ceux que l'on avait en vue.

La destruction de Sébastopol et celle de la flotte
russe dans la mer Noire ont dû flatter un moment les
rancunes britanniques ; mais comme, après tout, ce
n'est pas du côté de la mer Noire que la Russie est
incommode à l'Angleterre, puisque cette puissance
sait parfaitement, que, dans l'état politique actuel de
l'Europe, la conquête et encore moins la *possession*
de Constantinople ne seront jamais l'effet d'un coup
de main, l'Angleterre ne trouvera dans ses modestes
exploits qu'une satisfaction stérile et momentanée ; ils
ne diminuent en rien le cruel désappointement qu'elle
éprouve en voyant le colosse dont elle espérait arrêter
le développement progressif en Asie, y conserver
tous les avantages de son ancienne position, et même
s'y trouver moralement fortifié par l'échec éclatant
que subirent de ce coté les laborieux efforts de sa
rivale, sans compter les avantages incalculables que
retire la Russie des précieux avertissements fournis
par cette guerre sur tout ce qui concerne le nouveau
système politique que le cabinet de Saint-Pétersbourg
devra désormais embrasser dans l'Orient. Le désappointement de la Grande-Bretagne est d'autant plus
sensible, qu'il ne s'agit pas pour elle d'une de ces
entreprises manquées, dont on se console par l'espoir
d'y revenir dans un moment plus favorable et de
réparer avec usure le temps perdu ; les circonstances
qui lui ont permis d'aborder, après de longues et
infructueuses attentes, la réalisation de son ancien

projet, ne sont pas de nature à se reproduire si facilement, puisque c'est la première fois qu'elles se sont
présentées depuis tant de siècles. Pour qu'elles sur-
gissent de nouveau, il faudrait, ou que la Russie
menaçât l'indépendance de l'Europe au point de
forcer tous les États à se liguer contre elle, ou que
la situation politique de la France rendît indispensable de sa part un mouvement militaire, effectué
dans les limites de ses besoins purement *moraux*, et
non pas matériels. Or, aucune de ces deux hypo-
thèses n'est probable, parce que l'esprit de notre
siècle rend tellement chimériques les invasions à la
manière des Tamerlan et des Attila, que ces genres de
croisades de la barbarie contre la civilisation se
trouvent depuis longtemps reléguées dans le domaine
de l'Hippodrome ; et, quant à la France, rien ne
fait présumer qu'elle puisse jamais perdre la position
que lui a conquise la solution du conflit oriental ; par
conséquent, tout motif *moral*, le seul qui, dans l'état
actuel de l'Europe, soit capable de déterminer cette
puissance à reprendre les armes, s'est complétement
évanoui. Nous l'affirmons : la perspective consola-
trice de parvenir à arranger ses affaires dans l'Orient
avec le secours de la France, a disparu pour la
Grande-Bretagne, comme une de ces étoiles lumi-
neuses qui, dans l'espace de milliers de siècles, ne
brillent qu'une seule fois sur la voûte céleste, puis
s'éteignent à jamais. Il ne reste à l'altière Albion que
le triste souvenir des déceptions amères que lui a
values ce rêve de deux années, et sur lesquelles il

serait peu généreux d'insister, après les effusions vraiment *naïves* de reconnaisance dont nos braves troupes ont été l'objet de sa part.

Pour ménager à l'Angleterre la consolation d'avoir au moins retiré quelque bénéfice de la terrible banqueroute politique qu'elle vient de subir, ses avocats auront peut-être recours à un argument, que, faute d'autre, on ne manque jamais d'offrir aux malheureux inconsolables, en leur rappelant l'avantage qu'ils possèdent de faire profiter l'avenir des fautes du passé. Cet argument très-péremptoire à l'égard de la Russie, qui effectivement peut trouver dans l'épreuve qu'elle a traversée la révélation du secret de son brillant avenir, n'est malheureusement pas applicable à l'Angleterre, car les fautes qu'on lui reproche d'avoir commises pendant les derniers événements ne sont point la conséquence d'un système erroné dont l'expérience lui aurait aujourd'hui enseigné de faire disparaître les défectuosités. Non, ce sont les effets aussi inévitables qu'indestructibles de la constitution morale du pays même. Ainsi, la mauvaise organisation du recrutement des officiers, basé sur l'achat des grades, a beau avoir été mise à nu, tous les efforts que l'on tenterait pour le remplacer par le système pratiqué sur le continent, demeureront parfaitement infructueux, parce que l'institution dont il s'agit, si éminemment caractéristique pour un peuple à esprit mercantile, mais nullement militaire, est fondé sur le génie national et ne peut être modifiée qu'avec ce dernier. Rien ne le prouve mieux que les longues dis-

cussions qui se sont élevées dans le parlement sur ce sujet, et où les hommes les plus compétents, et entre autres Sidney Herbert, ancien ministre de la guerre, ainsi que Lord Palmerston, ont énergiquement combattu ceux qui demandaient l'abolition de ce trafic peu chevaleresque. Or, voici le solide argument dont se sont servis ces illustres orateurs : « La nation an-
« glaise, ont-ils dit, éprouve tant de répugnance pour
« la carrière des armes, que si, à l'aide de certains
« priviléges on ne cherchait pas à y attirer les classes
« riches et distinguées, l'armée ne trouverait plus de
« *gentlemen* (personne bien élévée) pour la com-
« mander ; par conséquent, elle n'aurait que des offi-
« ciers puisés dans la lie du peuple, qui n'inspire-
« raient aux soldats que la plus profonde aversion ;
« en un mot, personne parmi les classes laborieuses
« de l'Angleterre, ne veut revêtir l'uniforme, à moins
« de n'être plus bon à rien. » On voit donc que la Grande-Bretagne n'a pas même la consolation de profiter de ses revers, et qu'en réglant les comptes relatifs à cette grande entreprise orientale, elle se voit forcée de placer dans toutes les colonnes de son chapitre des recettes, le signe désolant du *zéro*, signe pour lequel son génie national professe une si invincible horreur.

VIII

En examinant l'actif et le passif de chacun des associés dans l'entreprise orientale, il nous resterait à parler de la Turquie et de la Sardaigne; mais la première n'ayant figuré que nominalement dans la grande opération dont elle a été le prétexte, il ne peut s'agir ici de son bilan personnel. Sans aucune vue spontanée dans une affaire qui au fond ne la concernait pas, elle devait accepter tout ce qu'on croyait convenable de lui accorder. Qu'elle ait reçu plus ou moins de ce qu'on a pu lui promettre, sa responsabilité est, dans tous les cas, parfaitement dégagée, parce qu'elle n'a rien demandé, et qu'elle n'a agi que sous la pression et pour le compte des autres. Nous ne parlerons donc de la Turquie qu'au moment où nous examinerons les conséquences politiques qui découlent pour elle du traité de Paris.

Quant à la Sardaigne, bien que son entrée dans la coalition occidentale n'ait peut-être pas été l'effet exclusif de sa volonté, il est évident que si elle n'avait pas eu quelques motifs particuliers pour céder aussi facilement à la pression dont elle était l'objet, elle aurait su y résister, à l'instar de plusieurs autres États

de second ordre, auxquels l'Angleterre, si intéressée
à enrôler de nouveaux conscrits, n'a jamais eu l'habileté de persuader que l'affaire d'Orient fût la leur.
Il faut donc que, dans son accession, la Sardaigne ait
pensé trouver son compte, car personne n'oserait lui
faire l'injure gratuite de supposer qu'elle ait admis
l'existence des dangers que courait le Sultan, et bien
moins encore, que pour faire pencher la balance en
faveur des puissants champions de la Turquie, elle ait
cru devoir y jeter son atome de 15,000 *hommes*, tandis
que l'Italie entière, et surtout l'Allemagne (bien autrement intéressée dans le conflit), restaient tranquilles
spectatrices. Quels arguments spécieux a-t-on donc
fait valoir pour précipiter la Sardaigne dans une
guerre qui ne la concernait en rien, pour laquelle
elle ne pouvait rien faire, et qui ne lui rapportait
rien, et cela précisément à l'heure où elle sortait à
peine d'une lutte désastreuse qui avait ruiné ses finances? — Ces arguments, qui sans doute devaient une
partie de leur force à l'attitude de ceux qui les présentaient, nous les résumerons de la manière suivante :
participation au remaniement possible de la carte de
l'Europe, acquisition de titres à la reconnaissance
de l'Angleterre et de la France qui la protégeraient
contre l'Autriche ; développement de son influence
morale sur l'Italie, et possibilité d'en faire usage, à
l'aide de ses protecteurs, en faveur de la question
italienne, enfin, perspective attrayante de prendre
place dans le congrès futur, à côté des arbitres des
destinées de l'Europe. Voyons maintenant jusqu'à

quel point ces magnifiques châteaux en Espagne se
sont réalisés.

Lorsqu'on envisage, d'un côté, le but purement
moral que la France se proposait dans la guerre
d'Orient, où son rôle cessait avec la prise de Sébastopol,
dont elle savait bien qu'elle aurait tous les hon-
neurs, et, de l'autre côté, les intérêts réels de l'Autriche, qui ne pouvaient se prêter à ce que la domination anglaise remplaçât la prépondérance russe
dans la mer Noire, on reste aisément convaincu que le
prétendu le remaniement de la carte de l'Europe
n'avait aucune chance d'aboutir, et surtout qu'il était
impossible à l'Angleterre de le réaliser à elle seule.
Les espérances de la cour de Turin péchaient donc
par leur base, et elles devaient être considérées comme
mortes au berceau. Et, cependant plus d'un homme
politique piémontais n'hésita pas à les formuler publiquement. Ainsi, dans la séance du 14 juin 1856,
plusieurs orateurs déclarèrent qu'un des motifs qui
ont fait entrer le gouvernement du roi Victor Em-
manuel dans l'alliance des puissances occidentales,
c'est la persuasion de servir non-seulement l'unité
italienne, mais encore de prendre part un jour au
remaniement de la carte de l'Europe. « Ne
l'oublions pas, s'écria M. Farina, les traités ont été
déchirés à Cracovie, à Paris, à Bruxelles. » Les journaux de Turin nous apprennent que ces paroles
furent saluées par une salve d'applaudissements. En
savourant de semblables ovations, les députés sardes
ne pensaient pas sans doute à l'anecdote découra-

geante que raconte Plutarque à propos d'un célèbre
orateur, qui, au moment où son discours fut le plus
acclamé par le peuple d'Athènes, se tourna avec in-
quiétude vers ses amis en leur demandent : Est-ce que
par hasard je n'ai pas lâché quelque bètise?

Voyons maintenant si les espérances que fondait
la Sardaigne sur les titres qu'elle pensait acquérir à
la gratitude de ses deux puissants alliés, se sont mieux
réalisées, ou si, du moins, ces espérances étaient d'une
nature moins chimérique que ses rèves d'agrandisse-
ment territorial. Malheureusement elles appartiennent
au domaine de la politique sentimentale, dont le siècle
où nous vivons a souvent vu faire bonne et prompte
justice, et que des exemples récents encore condam-
nent irrévocablement. La reconnaissance bien autrement fondée que la Russie était en droit d'attendre de
la part de l'Autriche, a-t-elle empêché cette dernière
de se liguer contre son protecteur, et cela presque à
l'instant où celui-ci remettait dans le fourreau le
glaive qui l'avait sauvée? Les services du faible ne
produisent pas, il est vrai, le sentiment d'humiliation
que font naître les bienfaits du fort; mais, par contre,
le peu d'importance matérielle des premiers en diminue singulièrement la valeur; en sorte que leur
appréciation est renvoyée au tribunal philanthropi-
que et chrétien qui juge les actes non selon leur effet,
mais selon les motifs qui les ont dictés. Or, en politique, on sait ce que valent ces genres de tribunaux !
L'histoire est là pour prouver que la Sardaigne, se
fùt-elle complétement ruinée pour complaire à ses

alliés, cette touchante preuve d'affection ne les empêcherait nullement de la livrer à l'Autriche lorsque
les intérêts de leur politique paraîtraient l'exiger. S'ils
ne le font pas, si au contraire ils se montrent parfaitement disposés à la soutenir contre sa machiavé-
lique voisine, et à protéger le développement de son
système libéral, c'est que la question de l'équilibre
européen les y oblige. Ils n'ont jamais eu besoin
d'aimer la Sardaigne pour la défendre, et ils ne la
défendront ni plus ni moins depuis qu'ils préten-
dent la porter dans leur cœur, ou depuis que le
prince chevaleresque est venu à Paris et à Londres
se recommander à leur bienveillant souvenir.

Il en est exactement de même de la perspective
dont se flattait la Sardaigne relativement à la cause
italienne, que, pensait-elle, ses liaisons avec la France
et l'Angleterre, lui permettraient sans doute de servir
d'une manière plus efficace. Eh bien ! ici encore il
eût été aisé de prouver *à priori* tout ce que cette
aspiration avait d'illusoire. Les Sardes oubliaient que
parmi les trois puissances auxquelles ils demande-
raient l'affranchissement de l'Italie de l'occupation
étrangère, il en est deux qui participent à cette occupation, et que, quelque disposée que puisse être la
France à y renoncer, elle ne saurait le faire si l'Autriche n'agit de même. Malgré les effusions philanthro-
piques auxquelles se sont livrés les représentants des
deux puissances, au sein du congrès de Paris, sur les
tristes motifs qui nécessitent cette occupation, et sur
leurs vœux sincères de les voir bientôt disparaître,

tout le monde sait pertinemment qu'il est certaines maladies que les médecins ne sont pas fâchés de prolonger, et qu'en fin de compte, ce ne sera pas par amour pour la Sardaigne qu'on fera évacuer l'important château Saint-Ange, ou un point quelconque du patrimoine de Saint-Pierre dont tout bon catholique s'estimera toujours très-heureux de conserver le précieux dépôt aussi longtemps que possible. Mais il y a plus : depuis l'initiative sarde, l'évacuation du territoire italien par les deux puissances occupantes est devenue moins facile et moins prochaine que jamais, et cela par ce double motif : 1° la répugnance qu'éprouve l'Autriche de faire une concession, qui dans le moment actuel aurait l'air d'avoir été provoquée par un petit État qui est l'objet de toute son anthipathie ; 2° l'effervescence que les propositions adressées au congrès ne manqueront point de faire naître en Italie, et qui fourniront à l'Autriche de nouveaux prétextes non-seulement pour maintenir l'occupation, mais encore pour lui donner plus de développement et de force. Naturellement, tout ce qui prolongera l'occupation autrichienne ajournera la retraite de la France, qui, de son côté, se résignera de bonne grâce à laisser flotter le drapeau tricolore sur les rives du Tibre devenues françaises une seconde fois.

Personne n'osera porter atteinte aux titres très-légitimes que, *moralement parlant*, le gouvernement sarde s'est acquis à la reconnaissance de la malheureuse Italie ; elle lui tiendra toujours compte de ses généreuses intentions. Personne ne révoquera en doute la justesse des représentations faites par la Sardaigne au congrès de Paris en faveur de la cause italienne ; la note que M. de Cavour et de Villamarina adressèrent à ce sujet à lord Clarendon et au comte Walewsky, est un modèle de logique et de nobles sentiments, exprimés dans un langage plein de dignité : il n'en est cependant pas moins vrai, que des représentations semblables, spontanément formulées par l'Angleterre et la France, auraient eu plus de poids par la *seule abstention* de la Sardaigne. L'état critique de l'Italie préoccupe depuis si longtemps l'Angleterre, qu'elle n'eût pas eu besoin de l'entremise de la Sardaigne pour adresser au congrès des ouvertures appuyées par la France ; et certainement l'Autriche se serait montrée plus traitable à l'égard de puissances qu'elle considère comme ses égales, et auxquelles il lui eût été facile de faire des concessions sans croire déroger à sa dignité. En un mot, loin d'avoir servi la cause italienne, la Sardaigne, avec les meilleures intentions du monde, n'a fait que les compliquer ; elle en a rendu la solution d'autant plus difficile, que l'Angleterre et la France se trouvent forcées de ménager les susceptibilités de la cour de Vienne, à laquelle elles ont des obligations bien autrement grandes qu'à celle de Turin. Les sacrifices faits par ce petit État pour la cause des alliés, ont été comparativement à ses ressources, plus considérables que ceux de l'Autriche ; mais, en politique, les services ne s'estiment que par leur effet, et ceux de la Sardaigne disparaissent complétement devant l'efficace autant qu'adroite coopération de l'Autriche. Ainsi donc, si malgré les brillantes espérances qui ont poussé le pygmée sarde au milieu des géants, il n'a pu obtenir ni l'avantage de s'agrandir, ni celui de plaider avec succès la cause de l'Italie, il ne lui reste pour toute rémunération que l'honneur de s'être assis au congrès de Paris à côté des représentants des grandes puissances. Voilà le prix de tant de milliers de ses enfants gratuitement massacrés, et de tant de millions de francs inutilement dépensés ! En vérité, M. de Cavour peut se vanter d'avoir occupé le fauteuil le plus *précieux* de la salle du congrès, car ce fauteuil coûte à son pays la somme de 80 millions !!!

IX

Après avoir recherché jusqu'à quel point la guerre a pu réaliser les espérances qui l'ont fait entreprendre, essayons de voir si le traité qui vient d'y mettre fin donne à l'Europe les garanties d'une paix solide et durable. Quand une lutte acharnée, dans laquelle chacun des intéressés croyait gagner à sa manière, se termine brusquement au profit de deux combattants qui forcent les autres à leur sacrifier leurs espérances, on ne saurait guère accorder au pacte qui la termine les conditions d'une grande longévité.

Commençons par la Russie, car elle est sans contredit celle des puissances belligérantes qui, étant seule contre l'Europe coalisée, a dû accepter le plus ouvertement le rôle du vaincu.

Lorsque nous comparons les concessions auxquelles le Tzar a consenti, avec celles que rendaient indispensables, non-seulement les projets purement individuels de la Grande-Bretagne, mais encore le but de la guerre, tel qu'il a été ostensiblement déclaré par les alliés, ces concessions paraissent complétement insuffisantes. En effet, le but avoué des puissances coalisées était l'affranchissement *définitif* de la Turquie de l'influence menaçante qu'exerçait sur ce débile État son formidable voisin. Or, ce qui constitue les bases de cette influence, ce n'est point la possession d'une flotte dans la mer Noire, car elle ne répondrait en aucune façon aux besoins de la seule politique efficace que puisse dorénavant embrasser la Russie, et dont les nouvelles tendances sont certainement au nombre des résultats les plus importants qu'ait produits la crise orientale : cette politique consistera à *déplacer complétement* le théâtre de ses combinaisons, en les transportant *d'Europe* en *Asie*. Sous ce point de vue, la flotte de la mer Noire ne serait pour la Russie qu'un brillant joujou dont le sacrifice aura pour effet d'enrichir ses revenus. Là n'était nullement la base de sa prépondérance en Orient; cette base, c'est la position topographique que l'Europe a laissé prendre aux successeurs de Pierre le Grand, qui peu à peu étreignirent la Turquie dans

un cercle non interrompu, se resserrant sans cesse.
C'est donc ce cercle de fer qu'il s'agissait de rompre,
en enlevant à la Russie la côte septentrionale de la
mer Noire, et surtout l'isthme caucasien, qui, comme
un crampon gigantesque, rive la Turquie d'Asie et la
Perse au sol moscovite. Tant qu'on laisse subsister
les fondements mêmes qui supportent l'échafaudage
de l'irrésistible influence de cet empire sur ses voisins
ottomans ou persans, toutes les modifications que
l'on introduirait dans l'architecture extérieure de
l'édifice, ne changeront ni l'ordre de choses que l'on
voudrait détruire, ni les conséquences qui en résulteront tôt ou tard. Empêcher la Russie d'avoir une
flotte dans la mer Noire, en lui laissant tous les
moyens de la réorganiser plus tard, ou d'atteindre ses
voisins aussi bien par terre que par mer, c'est comme
si l'on croyait ôter pour toujours à un individu la
possibilité de se servir d'armes dangereuses, en le
forçant à les enfermer dans une chambre de sa
maison dont il conserverait la clef.

Ainsi, les soi-disant garanties arrachées à la cour
de Saint-Pétersbourg, au prix de deux années de
massacres et d'énormes sacrifices, ne répondent point
aux résultats que proclamait d'avance la croisade
prêchée si solennellement contre le colosse du Nord,
en faveur de la Turquie. Il est vrai que pour justifier
la modicité des résultats obtenus, les alliés peuvent
faire observer qu'ils n'avaient jamais eu en vue le dé-
membrement de l'empire russe, parce que cette tâche
dépassait leurs forces, et que leur seul but était de

soustraire la Turquie, du côté de la mer Noire, aux dangers dont pouvait la menacer la flotte impériale. Mais alors, les alliés conviennent donc eux-mêmes qu'ils n'avaient ni l'intention ni le pouvoir de guérir le malade, mais qu'ils se contentaient de quelques palliatifs qui laissent intacte la source du mal. Dans ce cas, il eût été plus humain et plus honnète de ne point entreprendre un traitement aussi dispendieux, et de déclarer le patient incurable. D'un autre côté, si les alliés n'ont point obtenu de la Russie les garanties sans lesquelles leur entreprise perd considérablement de son côté sérieux et logique, peut-on en conclure que du moins ils ont eu l'avantage de n'imposer à leur puissant adversaire que des conditions assez douces pour ne point l'humilier, et par cela même faciles à observer ? Nous ne le croyons point. Quelque insuffisantes que doivent paraître aux yeux d'une politique perspicace les concessions faites par le cabinet de Saint-Pétersbourg, elles sont encore de nature à blesser profondément le cœur de la nation, et à y creuser de ces plaies que le temps ne cicatrise pas. Un grand peuple peut, sans se croire humilié, restituer ses conquêtes, lorsque l'Europe tout entière vient *envahir sa capitale* pour les réclamer. C'était nommément le cas dans lequel s'est trouvée la France. Mais ce qui affecte beaucoup plus sensiblement que le sacrifice de dépouilles aussi glorieusement gagnées que perdues, c'est la renonciation au droit de demeurer maître absolu dans son propre pays, comme, par exemple, lorsqu'on prend l'engagement de posséder des côtes sans oser les fortifier et sans entretenir une flotte dans les mers qui les baignent. L'acte pénible de la restitution des conquêtes une fois accompli par une nation honorablement vaincue, rien dans l'exercice de sa souveraineté ne vient plus le lui rappeler; tandis que les restrictions imposées à la jouissance de la propriété font saigner les blessures chaque fois que le maître met le pied dans l'enceinte de son domaine. Aussi la France de 1814 et de 1815 a-t-elle été moins affectée de l'abandon de son énorme butin, qu'elle ne l'aurait été si on l'avait forcée de renoncer au droit de posséder des arsenaux à Toulon ou à Brest, et une flotte dans la Méditerranée ou dans la Manche.

Que l'on ne dise point que les concessions faites par la Russie se trouvent atténuées par la réciprocité établie, sous ce rapport, entre elle et la Turquie qui a également renoncé à conserver une flotte dans la mer Noire. Cette réciprocité n'existe pas quand on considère que le détroit du Bosphore, qui fait partie intégrante du Pont Euxin, conserve toutes ses fortifications et continue à être une des stations de la marine ottomane, d'où, dans la première guerre qui se présenterait, elle peut en quelques heures se transporter *avec ses alliés* devant les côtes russes, complétement dégarnies et exposées à toutes les attaques, et, qui pis est, à toutes les insultes. C'est précisément cette inégalité dans les conditions des deux pays qui fait le mieux ressortir tout ce que la concession de la Russie doit avoir de mortifiant pour elle. Il est donc impossible qu'elle consente jamais à accepter cet ordre de choses autrement que comme un arrangement provisoire, qu'elle se réserve de mettre à néant aussitôt que l'état politique de l'Europe lui en fournira l'occasion. Voilà un élément peu pacifique que renferme le traité de Paris, et qui ne permet pas d'accorder à ce traité un caractère solide.

X

Un second élément également défavorable à l'avenir de ce célèbre pacte, c'est la situation qu'il crée à la Turquie. Quiconque a habité l'Orient n'ignore pas que les promesses arrachées aux musulmans, sous la pression de circonstances critiques, sont tout aussi aisément accordées que mal exécutées. A Dieu ne plaise que nous prétendions jeter le moindre doute sur la sincérité des intentions qui animent le Sultan relativement à la réforme de son malheureux pays ! Ce magnanime souverain, auquel il ne manquerait peut-être qu'une volonté aussi forte que son cœur est noble et généreux, pour mériter dans l'histoire le titre de grand, a promis bien au delà de ce qu'il est en état de tenir ; circonstance qui forcera les alliés de violer les promesses que fort inconsidérément ils lui avaient faites à leur tour. En effet, si pour se conformer à leurs déclarations et ne point commettre à l'égard de la Turquie ce qu'ils reprochaient à la Russie de vouloir faire, les alliés doivent retirer leurs troupes, c'est une illusion puérile que de croire à la réalisation du brillant avenir si éloquemment retracé dans toutes les chartes et décrets du divan. Avec la meilleure volonté du monde, il ne trouvera point dans ses propres ressources les moyens suffisants pour briser l'opposition que suscite le fanatisme blessé des musulmans; les insurrections, les insultes et les meurtres qui ont déjà signalé sur quelques points de l'empire l'introduction des nouvelles mesures prises en faveur des chrétiens, ne sont que les préludes de la lutte terrible dans laquelle le gouvernement va entrer, et d'où certainement il ne sortira pas vainqueur sans l'appui des bayonnettes étrangères. Cependant, il vient de faire une trop rude expérience de tous les déboires que leur coopération lui a causés, pour qu'il s'empresse de les appeler encore une fois. De guerre lasse, il se verra donc obligé d'avoir recours à l'ancienne pratique musulmane : celle de se confier à la volonté du ciel sans en contrecarrer l'action invisible; les gouverneurs des provinces recevront sous main l'ordre de renoncer à un combat inégal, et d'affecter au dehors tout autant de colère et d'énergie qu'il en faudra pour donner le change aux puissances de l'Europe, et les persuader de la continuation vigoureuse de la croisade entreprise en faveur de leurs coréligionnaires; les choses retomberont peu à peu dans leur vieille

ornière, et il s'écoulera peut-être des années avant
que l'Europe s'aperçoive de son erreur, et se décide
après tant de temps perdu, à finir par où elle aurait
dû commencer, c'est-à-dire par l'occupation militaire
de la Turquie. Toutefois, cette mesure tardive ne
pourra plus alors avoir le même effet qu'elle produi-
rait aujourd'hui. Cruellement déçus dans leur attente,
les chrétiens auront contracté l'habitude de tourner
du côté de la Russie tous leurs vœux et toutes leurs
espérances ; et quand les alliés enverront enfin leurs
troupes, celles-ci ne seront plus qu'un objet de défiance générale : pour les chrétiens qui trompés une
fois, craindront de se compromettre de nouveau, et
pour les musulmans, qui dans l'intervention étrangère ne verront toujours qu'une insulte faite à leur
nationalité et à leur religion. Il en résultera que
musulmans et chrétiens se réuniront pour invoquer
le secours de la Russie, et que celle-ci trouvera un
moment favorable pour renverser le fragile échafaudage du congrès de Paris, en profitant largement
d'une réaction que son habile diplomatie doit dès
aujourd'hui chercher à favoriser.

Un des moyens les plus efficaces et en même temps
les plus loyaux que puisse employer le cabinet de
Saint-Pétersbourg pour amener une réaction en sa
faveur de la part des populations chrétiennes de la
Turquie, c'est d'élever les sujets russes, limitrophes
de ces dernières, à un état de prospérité et de liberté
qui contraste avantageusement avec la situation de
leurs voisins turcs, et fasse naître chez ceux-ci le

désir de le partager. Il ne serait pas très-difficile
d'exécuter un pareil plan, même dans le cas où les
promesses de la Porte se réaliseraient à l'égard des
rayas; car, quelque bien que ceux-ci puissent être
traités, pour peu qu'ils voient que leurs coréligionnaires russes ne se trouvent pas plus mal, ils préfé-
reront toujours devoir les mêmes bienfaits à une nation chrétienne plutôt qu'à leurs anciens oppresseurs.
On peut contraindre les maîtres à émanciper leurs
esclaves et à les traiter publiquement sur un certain
pied d'égalité mais, il est impossible d'étouffer le dé-
dain et la rancune dans le cœur des uns, et l'horreur
et la crainte dans celui des autres. Ces sentiments
survivront longtemps à la fusion forcée des deux éléments chrétien et musulman, et la difficulté de l'opérer fournira à la propagande moscovite une arme
très-dangereuse. Cette arme, il faut l'avouer, la
Russie n'a pas su la manier jusqu'à présent; car, à
l'exception de ses provinces limitrophes de la Turquie
d'Asie, et où la plus mauvaise administration peut
encore paraître bien supérieure au régime turc, la
condition des paysans dans les provinces adjacentes
de la Turquie d'Europe n'est pas assez satisfaisante
pour devenir un objet d'envie aux yeux de leurs voisins. Si, au contraire, la Russie avait su entourer d'un
certain prestige la condition de ses sujets, elle n'aurait pas manqué de recueillir pendant la crise orientale le fruit de cette sage politique : les chrétiens de
la Roumélie, séduits par la position de leurs coréligionnaires russes, n'auraient point été influencés

dans leur sympathie en faveur d'un monarque chrétien par la crainte de voir ce dernier les replonger dans une condition peut-être plus mauvaise, que celle où les plaçait le gouvernement turc; et le jeune royaume des Hellènes se serait prononcé bien autrement pour la Russie, si cet épouvantail du despotisme moscovite, se dressant toujours devant eux, n'était venu paralyser leurs généreuses aspirations.

XI

En faisant ressortir les embarras que la crise de l'Orient a légués aux puissances européennes par l'obligation morale qu'elle leur impose d'obtenir l'exécution des promesses faites en faveur des *rayas,* nous ne devons-pas non plus dissimuler les avantages que la religion chrétienne doit recueillir du nouvel ordre de choses. Il est incontestable que si les musulmans éprouvent une grande répugnance à doter leurs sujets chrétiens de droits civils et politiques dont les conquérants seuls possèdent le monopole, ils ne se montreront que plus disposés à accorder aux puissances européennes, à titre de compensation, toutes les facilités relatives aux questions religieuses. Parmi ces questions figure celle du prosélytisme chrétien, qui recevra sans doute un nouveau développement

tout au profit du culte protestant, grâce à l'énorme
accroissement que l'influence de l'Angleterre a acquise en Turquie. D'ailleurs, par son essence même,
le protestantisme doit offrir aux yeux des musulmans
de très-grands avantages sur le catholicisme, tant
sous le rapport politique que sous le rapport religieux.

Au premier point de vue, le gouvernement turc ne
saurait manquer d'apprécier la différence des posi-
tions que les deux cultes dissidents créent à leurs
nouveaux convertis : ceux que fait le catholicisme
sont autant de sujets soustraits à la souveraineté complète de la Porte Ottomane, puisqu'ils sont placés
sous la juridiction spirituelle d'un monarque étranger — la cour de Rome ; — tandis que les néophytes
protestants n'introduisent dans le sein de la commu-
nauté musulmane aucun élément étranger et restent
sans partage les sujets du Sultan. Au point de vue
religieux, le protestantisme se présente aux musulmans avec des avantages plus grands encore. Sous
plus d'un rapport, il se rapproche de l'islamisme
beaucoup plus que la religion catholique, dont plusieurs dogmes et doctrines sont également étrangers
aux deux premiers. Ainsi, comme le protestantisme,
le Koran n'admet ni les images, ni la confession, ni
le célibat des prêtres, ni l'interprétation littérale de
certains mystères religieux. Le célibat des prêtres a
surtout quelque chose qui répugne puissamment au
bon sens des fils de Mahomet et qui paralysera toujours
parmi eux les progrès du catholicisme, en soustrayant

à l'action de ses agents un sexe qui leur reste inac-
cessible; tandis que les missionnaires protestants
jouiront de l'immense avantage de porter leurs doctrines, par l'intermédiaire de leurs femmes, dans le
sanctuaire du *harem* et du foyer domestique. Pour la
foule grossière des sectateurs du Koran, un prêtre
voué au célibat est une chose tellement incompréhen-
sible et mystérieuse, qu'ils sont naturellement portés
à lui prêter des intentions peu morales. S'il n'a point
de femme à lui, se disent-ils, c'est qu'il compte sur
celles des autres; et l'on sait combien les Orientaux
sont chatouilleux à cet endroit, et combien peu ils
partagent le stoïcisme conjugal des maris européens.
Dans tous les cas, aucun musulman (pas plus qu'aucun
philosophe) ne comprendra jamais pourquoi l'avocat
des vertus domestiques et des devoirs de la vie de fa-
mille, ne s'impose pas d'abord l'obligation de prati-
quer lui-même les vertus et les devoirs qu'il prêche.

Une discordance semblable se rencontre également
entre l'islamisme et le catholicisme pour de nombreux points des dogmes de l'Église. Un missionnaire catholique, digne de toute estime, qui habite
l'Orient depuis plus de vingt années, nous a rapporté
à ce sujet l'anecdote suivante; elle est très-significa-
tive :

Un riche négociant turc qui avait visité plusieurs
fois Marseille et Livourne, s'adressa à ce missionnaire
pour être instruit dans les principes de la religion
catholique qu'il était décidé d'embrasser Dès les
premières leçons, le maître éprouva de grandes

difficultés pour démontrer à l'élève que ce qu'il lui donnait valait toujours mieux que ce à quoi il devait renoncer; mais lorsqu'on arriva au dogme de *l'identité* du corps de Jésus-Christ avec la sainte hostie, le néophyte rompit les conférences en déclarant qu'aucune doctrine du Koran bien interprétée, n'exigeait une semblable abnégation de la raison humaine. Au bout de quelques jours, il retourna chez le missionnaire pour lui dire qu'il avait trouvé le moyen de lever ses scrupules, en acceptant la doctrine dont il s'agit comme un pur symbole, et que, sous le bénéfice de cette restriction, il verrait dans l'hostie un acte commémoratif de l'immolation de Jésus-Christ pour le salut du genre humain. Le prêtre lui répondit qu'il ne pouvait faire une telle concession, vu que l'Église n'admet l'Évangile que dans un sens littéral, et que l'interprétation proposée était schismatique, puisque c'était celle des protestants. Frappé de cette distinction, le Turc désira connaître un culte qui promettait de se concilier avec sa raison; il se transporte immédiatement à Erzeroum où se trouvait un missionnaire américain, et au bout d'une courte instruction, il embrasse le protestantisme dont il devient un des plus zélés propagateurs.

Tous ceux qui ont attentivement étudié l'Orient sur les lieux mêmes, et non dans leur bibliothèque, sont frappés des progrès qu'y ont faits depuis cinq ans les missionnaires envoyés par *l'American Board of Commissions far foreign Missions.*

En 1852, cent cinquante villes et villages, dans les États musulmans, avaient chacun un missionnaire américain, et comptaient tous un certain nombre de convertis dont la conduite et les principes tolérants s'accordaient si bien avec les exigences de bons et loyaux sujets de leur souverain, que les autorités locales professaient pour eux la plus grande estime et la plus sincère sympathie. La mission américaine consacrée aux Arméniens de l'Asie Mineure entretient des établissements plus ou moins considérables à Constantinople, à Smyrne, à Mersivan, à Trebisonde, à Aïntab, à Erzeroum, etc., et possède de nombreuses succursales des deux sexes dans toutes les localités des provinces où se trouvent les villes susmentionnées. Dans la seule petite ville d'Aïntab, très-peu peuplée, les missionnaires sont parvenus à improviser une église qui en 1852 contenait sept cents personnes, mais qui au bout d'un an ne suffisait déjà plus. Les fidèles offrirent immédiatement cinq mille francs, auxquels les missionnaires ajoutèrent la somme nécessaire à l'élargissement de l'édifice. A Jsmid, l'église protestante compte quatre cent personnes, et l'école cent élèves; or, l'antique Nicomédie n'a aujourd'hui qu'une population d'environ quatre mille âmes.

Dans toutes les parties de la Turquie où résident des missionnaires protestants, l'action de leurs femmes se fait sentir d'une manière très-remarquable; et nous avons déjà observé que cette efficace coopération manque complétement aux missionnaires catholiques. On aura beau citer les titres très-légitimes que pendant la dernière guerre les sœurs de Charité se sont acquis à l'estime et à l'admiration des Turcs ; en premier lieu, on oublie que l'activité de ces femmes vraiment saintes n'a eu pour théâtre qu'un très petit nombre de points occupés par les troupes alliées, et que par conséquent ni leur réputation ni leur influence n'ont jamais pénétré dans l'intérieur du domaine de l'Islamisme ; en second lieu, le dévouement dont les sœurs de charité ont donné tant de preuves, n'avaient pas eu pour objet l'enseignement religieux, mais seulement le soulagement de souffrances physiques dans des circonstances très-passagères. L'action religieuse qu'elles exercèrent sur l'Islamisme ne soutient donc pas la comparaison avec celle des pieuses compagnes des missionnaires protestants répandus sur la surface entière de la Turquie. Ces femmes dont la présence est motivée aux yeux des musulmans par celle de leurs maris, agissent avec pleine liberté et ne se trouvent l'objet d'aucune interprétation injurieuse ; mais que des sœurs de charité essaient de se produire *seules* et *isolées* au milieu de la population fanatique de l'intérieur, elles éprouveront bien vite l'effet d'une position tout à fait incompatible avec les idées que se font les musulmans des devoirs et des convenances imposées à la femme, et surtout à la femme non mariée.

Plus on observe ce qui se passe en Orient et en Occident sous le rapport des idées et des besoins religieux, plus on est frappé de l'immense avenir réservé au protestantisme. En Occident, l'esprit rétrograde et inflexible de l'Église catholique crée à ses champions une position de plus en plus précaire ; en sorte que s'ils s'obstinent à vouloir conserver intacte la célèbre maxime émise à l'égard des jésuites : *sint ut sunt aut non sint* on pourra bien un jour les prendre au mot et répondre par : *Non sint.* En Orient, la même réaction s'opère en faveur du protestantisme, et le gouvernement turc trouvera, sous tous les rapports, un grand avantage à soutenir le seul culte chrétien qui se renferme exclusivement dans le cercle de sa mission divine, et qui ne tend point à confondre les intérêts du ciel avec ceux de la terre, afin de confisquer l'un et l'autre au profit de son ambition et de perpétuer la tutelle du genre humain. Tous les amis du vrai progrès et de la vraie religion civilisatrice du cœur et de l'esprit, salueront avec joie la nouvelle ère qui dans ces contrées s'ouvre au protestantisme, sous l'efficace patronage de la Grande-Bretagne et des États-Unis de l'Amérique. C'est dans les contrées qu'éclaire le soleil levant qu'a pris naissance l'astre lumineux de la religion chrétienne, et il n'est pas impossible qu'en se développant largement en Orient, sous sa nouvelle forme épurée, le christianisme arrive une seconde fois en Europe, des mêmes régions où jadis il eut son berceau primitif.

XII

La position créée aux puissances européennes par le conflit oriental que vient de terminer provisoirement le traité de Paris, doit exercer une influence plus ou moins sensible, soit sur leurs relations respectives, soit sur leur constitution intérieure. Voici à peu près les résultats principaux qu'il soit possible de prévoir dès à présent pour les diverses puissances qui ont joué un rôle dans ce grand drame :

La France et l'Autriche ayant, chacune à sa manière, recueilli les bénéfices de la crise orientale, doivent naturellement tenir à la conservation des nouveaux arrangements qui leur sont favorables, et, par conséquent, la première de ces puissances veillera à tout ce qui peut maintenir intacte la part d'influence qu'elle s'est légitimement acquise, et la seconde ne voudra plus abandonner la position qu'elle a si habilement obtenue; position qui, d'un côté, la débarrasse de la prépondérance russe dans les Principautés, et de l'autre, impose à la France et à l'Angleterre la nécessité de la ménager dans la question italienne, en considération des immenses services qu'elle leur a rendus, et de ceux qu'elle est à même de leur rendre dans un avenir possible.

L'Angleterre, humiliée dans ses sentiments de

dignité militaire et forcée de souscrire à une paix qui sur aucun point n'a rempli son attente, ne saurait tenir à la conservation du pacte que par ce double motif, qu'elle n'a pas la perspective d'obtenir une seconde fois la coopération de la France et que l'attitude de l'Allemagne, pendant la crise orientale, ne lui permet guère d'espérer rien de ce côté. Or, la Grande-Bretagne sait parfaitement que sans la France et l'Allemagne, elle ne parviendra jamais à réaliser ses projets à l'égard de la Russie. Il s'ensuit, qu'il ne lui reste que le rôle du joueur malheureux qui par convenance conserve un air de gaieté, et tâche de se rattraper à l'aide de toutes sortes de petits tours de passe-passe, sans dévoiler le dessous des cartes. Une de ses pratiques ténébreuses consistera à entretenir sous main la fermentation en Italie et en Grèce, afin de s'y ménager une influence capable de neutraliser celle de l'Autriche, de la France et de la Russie, et à s'y traduire en même temps dans le langage des cotonnades et autres articles du commerce britannique.

La Prusse et avec elle la confédération germanique, ont moralement grandi à la suite de la crise orientale par l'attitude de dignité et d'indépendance qu'elles ont su y déployer. Cette attitude était d'autant plus méritoire, que non-seulement on était habitué à voir l'Allemagne marcher à la remorque de l'Angleterre et de la France, mais qu'il fallait infiniment de sagacité et de force de caractère pour ne point céder à la séduction du prestige dont s'étaient entourés les alliés, en prêchant une croisade de *la civilisation contre la barbarie*, et de *la justice contre l'usurpation*. On sait combien tous ces tournois proclamés en faveur des idées grandes et généreuses ont de puissance sur le mysticisme tudesque, et il est certain qu'une bonne partie de la jeunesse germanique se préparait déjà à pourfendre l'infâme adversaire des droits sacrés de l'homme ; mais sur le passage de ces bouillants chevaliers se dressa la figure calme et réfléchie des penseurs allemands qui n'eurent point de peine à leur faire rebrousser chemin, en leur démontrant qu'ils allaient jouer le rôle de dupes. Lorsque ces prétendus champions de la liberté et de la justice eurent bien compris le caractère et les tendances complexes de cette fameuse croisade dans laquelle ils allaient si étourdiment se précipiter, le voile qu'on était parvenu à jeter momentanément sur les yeux de l'Allemagne ne tarda pas à se déchirer ; en sorte que ceux mêmes qui avaient le plus fortement étreint le bandeau prestigieux, se demandèrent avec indignation s'il était juste que cette généreuse jeunesse allât cimenter de son sang l'édifice de la prépondérance anglaise, ou combattre pour la gloire de cette même France qui, il y a peu de temps encore, avait asservi leur patrie et l'avait abreuvée d'humiliations dont le souvenir fait battre si douloureusement tout cœur allemand. — La Prusse eut la gloire de se placer à la tête de ce mouvement de la réhabilitation germanique, et son noble et généreux prince se consolera aisément des injures vulgaires des

journaux anglais, par la pensée que c'est à lui
que l'Allemagne doit l'honneur de s'être pour la
première fois dressée en nation indépendante, en
repoussant avec fermeté le rôle qu'on allait lui imposer.

Dès ce moment, le sort de la célèbre *croisade
anglaise* était décidé ; car, quand même la France,
entraînée par l'enivrement de l'ambition, aurait
voulu soutenir l'Angleterre dans la réalisation de son
gigantesque projet, cette entreprise n'eût pu avoir
aucune chance de succès sans la participation de
l'Allemagne. Or, l'attitude de la Prusse non-seulement éloignait de cette participation tous les États
secondaires de la confédération groupés autour d'elle,
mais encore elle la rendait impossible à l'Autriche,
qui ne se serait jamais exposée à une guerre contre
la Russie sans s'être préalablement ménagé la coopération, soit directe, soit indirecte, de la Prusse et
de ses alliés. C'est donc, en dernière analyse, au roi
Guillaume IV que l'Europe est principalement rede-
vable de la paix ; ce n'est que lui qui a rendu complétement impossible la guerre telle que l'entendait la
Grande-Bretagne, et qui a placé la Russie dans la
possibilité d'accepter la paix à des conditions réellement acceptables. Aussi, le rôle de la Prusse ne
pourra-t-il que grandir aux yeux de l'Europe, à
mesure que les passions se seront calmées et que la
raison aura repris ses droits imprescriptibles. Naturellement, parmi les États qui garderont le plus longtemps rancune au cabinet de Berlin, l'Angleterre doit

figurer la première. Rien ne blesse plus profondément que l'indiscrète sagacité qui découvre et divulgue aux autres un jeu adroitement combiné, et l'on ne pardonne jamais à l'individu qui se permet de signaler un piége au moment même où l'on croit l'y faire tomber, lui et ses nombreux confrères. Le dépit qu'on éprouve de jouer le rôle de mystifié au lieu du celui de mystificateur, devient d'autant plus violent qu'on a moins de moyens de se venger du coupable. Alors les invectives et les injures viennent soulager les cœurs oppressés, mais alors aussi ces manifestations d'une impuissante fureur doivent être accueillies par ceux qui en sont l'objet comme de véritables hommages.

Il est fâcheux que l'énergie et l'indépendance dont la Prusse a fait preuve, et qui ont sauvé l'Europe, aient subi une légère éclipse au moment même où prenait fin la noble mission qu'elle s'était donnée, car il est certain que tous les amis et sincères admirateurs de la Prusse ont dû voir avec peine l'empressement que mit la cour de Berlin à accepter une place dans le Congrès de Paris, alors que les grandes questions y étaient déjà résolues sans elle, alors surtout que dans la Chambre des Communes (séance du 14 mars 1856), lord Palmerston prononçait ces insultantes paroles : « *La Prusse n'a pas été invitée à discuter, mais seulement à ratifier les résolutions du Congrès.* » Et cependant, pour donner un caractère européen aux résolutions de ce Congrès, on ne pouvait se passer de la participation de la Prusse, tandis que celle-ci ne perdait absolument rien en refusant son adhésion à des arrangements sur lesquels elle n'avait point été consultée, et dont la plupart ne l'intéressaient que très-indirectement. Si dès le jour où les machinations mystérieuses commencèrent à se tramer à Vienne, la Prusse eût énergiquement déclaré devant l'Europe qu'elle se refusait d'avance à tout ce qui pouvait être arrêté par un Congrès futur sans sa participation directe, nul doute que les alliés se seraient bien gardés de rien décider sans elle, et qu'ils n'auraient jamais voulu travailler à une œuvre privée, à son berceau, d'une des conditions indispensables à sa vitalité, c'est-à-dire la garantie de *toutes* les grandes puissances. Pourquoi donc la Prusse s'est-elle montrée si alarmée de l'exclusion dont elle se croyait menacée? Ne devait-elle pas savoir que les alliés avaient bien plus besoin d'elle qu'elle n'avait besoin des alliés, et que quand même cette exclusion aurait eu lieu, elle ne perdait rien à ne pas garantir le nouveau système politique de l'Europe, dont, en aucun cas, on ne pouvait l'empêcher de tirer parti, tout en en laissant la responsabilité aux autres?

Mais si les alarmes que causait à la Prusse l'idée d'exclusion ou d'isolement étaient chimériques, on conçoit encore moins les motifs qui ont pu décider la Russie à partager ces craintes. Ne devait-elle pas savoir à son tour, que tout ce qui enlevait une garantie quelconque au traité de Paris, rendait moins solides et moins péremptoires les concessions auxquelles elle-même allait consentir; que, par conséquent, il était plus avantageux pour elle que le traité qui les consacrait, ne reçût point l'appui de la cour de Berlin, et que cette puissance fût libre de soutenir, ou du moins de ne pas contrarier la Russie, lorsque les événements permettront à cette dernière de briser l'œuvre du Congrès. Quoi qu'il en puisse être, cette légère faute commise par la Prusse ne diminue en rien les titres qu'elle s'est conquis à l'admiration et à la gratitude de l'Europe. Désormais, elle peut ajouter au droit depuis longtemps acquis de figurer comme la *tête* de l'Allemagne, celui d'en représenter aussi le *cœur;* et la crise orientale aura eu pour effet de tracer d'une manière bien tranchée la limite morale qui sépare *l'Autriche* de *l'Allemagne* personnifiée dans *la Prusse.*

L'Italie aura gagné à cette crise l'avantage de fixer l'attention de l'Europe sur sa situation précaire, et sur la nécessité vraiment urgente d'y remédier. Il est certain que tôt ou tard les grandes puissances devront se décider à substituer des moyens énergiques à l'expression stérile de vœux et d'avis officieux; mais il n'y a qu'elles seules, laissées à leur propre action, qui aient le pouvoir d'effectuer cette œuvre, parce qu'elles seules peuvent agir avec force et que leur obéir n'entraîne aucune humiliation. Toute ingérence isolée de la part de petits États capables seulement de parler et non d'agir, n'aurait d'autre résultat que d'entraver la réalisation de cette immense tâche; or, encore une fois, parmi les intrus de mauvais augure la Sardaigne figure en première ligne. Nous le répétons avec douleur, la profonde antipathie qui la sépare de l'Autriche ne permettra jamais à cette dernière de faire cause commune avec elle ; de même que les invitations, injonctions ou avis adressés aux princes de l'Italie, et dans lesquels figurerait le nom ou seulement l'inspiration de la Sardaigne, perdront infiniment de leur force par le mauvais effet que produisent toujours, entre ceux qui se croient égaux, les airs de supériorité qu'on tolère et respecte dans les forts. Jamais le roi de Naples ou aucun autre souverain de l'Italie ne voudra accorder à la Sardaigne une place ni parmi les dictateurs qui leur prescrivent une nouvelle ligne de conduite, ni parmi les conseillers qui voudraient s'attribuer le mérite de leur avoir fait abandonner l'ancienne. Appuyée sur sa politique habile, qui lui a créé des titres réels à la reconnaissance des alliés, l'Autriche sait bien que ces derniers ne balanceront jamais entre le pygmée qui leur a fait hommage chevaleresque de son cœur, et le colosse qui, pour les secourir, a jeté dans la balance tout le poids de son corps.

XIII

De tous les États de l'Europe, la Russie est certainement celui qui ressent le plus les conséquences de

la crise orientale. Ces conséquences portent non-
seulement sur la nature de ses relations politiques,
mais aussi, et plus encore, sur sa constitution intérieure. En ce qui concerne les premières, elles se
trouvent déterminées par les motifs présumés qui ont
décidé les alliés à lui déclarer la guerre, aussi bien
que par les procédés que pendant cette dernière les
puissances belligérantes ont eus à l'égard de la
Russie, et enfin par les chances d'une paix plus ou
moins assurée; plus ou moins longue, telles que les
lui présente le traité du 30 mars 1856.

Or, sous ce triple rapport, l'Angleterre est évidemment le pays de l'Europe dont les relations avec
la Russie s'éloignent le plus d'une réconciliation sincère, car les intentions, d'ailleurs fort naturelles, qui
l'ont portée à se liguer contre l'empire moscovite
sont de nature à perpétuer le sentiments respectifs de
rancune et de dépit, sentiments, qui du côté de la
Russie, se trouvent nécessairement renforcés par le
souvenir de plusieurs de ces actes qui dénotent, dans
ceux qui les commettent, la résolution de sacrifier tout
à une haine implacable et de traiter son adversaire
comme si l'on renonçait à l'avoir un jour pour ami ou
pour égal. Les inoffensifs pêcheurs des côtes de la Bal-
tique n'oublieront jamais leurs cabanes détruites et
leurs femmes et enfants gratuitement massacrés pour
assouvir l'impuissante fureur des amiraux anglais
pétrifiés devant Cronstadt. Les marins russes n'oublieront jamais les indignes manœuvres employées
contre eux pour les forcer de faire feu sur de pré-

tendus pavillons parlementaires, afin de donner au *Times* l'occasion de flétrir leur honneur, en leur jetant à la face une infamie dont les Anglais furent les véritables auteurs. Qu'on ajoute à des actes de cette nature, qui excluent toute réconciliation sincère entre les peuples comme entre les individus, les blessants commérages de l'ambassadeur britannique envers l'empereur Nicolas, commérages reproduits sous mille formes dans les journaux et les publications officielles du cabinet de Saint-James, et l'on concevra aisément que la guerre d'Orient, désignée dans l'histoire à venir par le titre de *croisade anglaise contre la Russie,* a creusé entre ces deux puissances un abîme qui ne pourra, nous le craignons bien, être comblé que par des cadavres.

On ne saurait donc se le dissimuler, le côté le plus précaire et le plus faible du soi-disant *pacte européen* de Paris, c'est celui qui concerne la paix entre la Russie et l'Angleterre. Cette paix ne subsistera que jusqu'au jour où une rupture paraîtra, soit à l'une, soit à l'autre, avantageuse ou praticable. Pour la Russie, ce sera lorsqu'ayant réformé son régime administratif et multiplié ses ressources par un grand développement industriel et commercial, elle se croira assez forte pour ouvrir la lutte sur un théâtre lointain, où l'Europe n'aura aucun intérêt à paraître, ou bien trouvera trop difficile de figurer, et sur lequel par conséquent l'aigle moscovite se rencontrera face à face avec le léopard britannique, qui, on le sait, aime peu les duels, et préfère les voies de *cotisation* et de *quête* pour combattre son adversaire. La lutte sera terrible, et il n'est donné à personne d'en prévoir les suites, qui, dans tous les cas, changeront la face de l'immense continent asiatique.

Pour adoucir cette perspective peu consolante pour le genre humain, on pourrait alléguer l'influence qu'exerce sur les nations le développement pacifique de leurs forces intérieures; d'où l'on tirerait cette conséquence, qu'une fois lancée dans la carrière industrielle, la Russie perdra ses velléités belliqueuses et attachera plus de prix à la conservation de la paix. Un tel argument perd toute sa force devant l'exemple que nous offrent des nations très-industrielles et très-éclairées, mais chez qui les préoccupations de la paix ne diminuent en rien les instincts guerriers et les rancunes nationales, la France, entre autres. Ses brillantes manufactures, qui semblent ne travailler que pour les besoins d'une paix perpétuelle, ont toujours assez d'ateliers pour forger des armes qu'une population laborieuse saisit avec transport toutes les fois que l'honneur du pays est en jeu. Qu'on laisse tomber sur le sol d'une nation fière et belliqueuse une seule semence de guerre vraiment nationale, le soc de l'agriculteur ne l'écrasera pas, et elle finira par prendre racine et par porter fruit au moment où l'on s'y attend le moins. Nous avons vu le congrès de Vienne jeter un germe pareil au cœur de la France, et il n'y mourut point, car pour ce peuple si sensible à l'honneur, la guerre d'Orient ne fut que le sanglant corollaire de la paix de Vienne. Il en sera de même du congrès de Paris; la lutte entre la Grande-Bretagne et la Russie y est renfermée à l'état embryonnaire : le temps se chargera du reste.

Après l'Angleterre vient l'Autriche, dont les sentiments hostiles se sont manifestés d'une manière d'autant plus blessante que la Russie avait droit de s'y attendre le moins, et que par conséquent elle doit y voir une de ces tendances que le temps peut affaiblir, mais qu'il ne détruit pas entièrement. Pénétrée de l'impossibilité où elle se trouve de remettre jamais le masque après l'avoir ôté une fois, l'Autriche sent bien que tout espoir de relations de confiance et de bon vouloir entre elle et la Russie, est désormais anéanti; c'est pourquoi elle s'est décidée à chercher ouvertement un appui auprès de la France et de l'Angleterre auxquelles elle a fait sentir toute la valeur de sa coopération. Le traité du 15 avril, jeté insolemment à la face de la Russie, est la preuve la plus manifeste tout à la fois des sentiments de défiance mutuelle qui, au fond, caractérisent le faméux pacte de Paris, si poli et si cordial dans sa rédaction, et de la nouvelle ligne politique adoptée par l'Autriche. Il est impossible de ne point admettre que si, comme le prétend le journal officiel de Vienne (numéro du 27 mai), la stipulation du 15 avril n'a d'autre but que celui de compléter le traité principal en garantissant l'intégrité de l'empire ottoman, cette stipulation n'est qu'un pléonasme vide de sens, puisque la garantie dont il s'occupe se trouve très-positivement formulée dans l'article 8 du traité du 30 mars, conçu en ces

termes : « S'il survenait entre la sublime Porte et
« l'une ou plusieurs des autres puissances signataires
« un dissentiment qui menaçât le maintien de leurs
« relations, la sublime Porte et chacune de ces puis-
« sances, avant de recourir à l'emploi de la force,
« mettraient les autres parties contractantes en me-
« sure de prévenir cette extrémité par leur action
« médiatrice. » Que signifie cet article, sinon qu'aucune des parties contractantes ne peut faire la guerre
à la sublime Porte sans que les autres y consentent,
et que, par conséquent, toute attaque contre le territoire ottoman, faite sans leur adhésion unanime met-
trait les puissances signataires dans l'obligation de
secourir la Turquie?

Qu'ajoute donc à cette garantie le traité du 15 avril?
Rien autre chose que les mêmes engagements con-
tractés une seconde fois entre *trois* puissances seulement; ce qui veut dire que la quatrième, c'est-à-dire
la Russie, est déclarée incapable d'inspirer assez de
confiance dans ses promesses, si la France, l'Angleterre et l'Autriche ne s'érigent en tribunal suprème
pour la surveiller et la juger en dernière instance. Le
traité du 15 avril est donc ou complétement inutile,
ou bien une menace, une injure gratuite faite à la
Russie. Cependant, il peut être encore autre chose :
il peut représenter la nouvelle ligne politique que la
crise orientale force l'Autriche de suivre, et c'est la
seule manière raisonnable d'en expliquer le motif et la
portée. En effet, après avoir séparé ses intérêts de
ceux de l'Allemagne, et brisé tout espoir de compter

jamais sur le soutien de la Russie, l'Autriche éprouve naturellement le besoin de demander à la France et à l'Angleterre, en retour des incontestables services qu'elle leur a rendus, l'appui de leur coopération, ou celui de leur neutralité, selon qu'un jour elle aura besoin de l'une ou de l'autre. La première pourra lui être utile dans une lutte contre les éléments révolutionnaires qui fermentent dans son sein; la seconde lui est indispensable pour résister à la tendance que manifeste l'Europe entière d'arracher à son joug la malheureuse Italie. Par ce double jeu, la maison de Habsbourg parviendra non-seulement à ne pas relâcher sa proie, mais encore à multiplier les liens dans lesquels sa politique l'enferme de plus en plus. En coopérant avec la France au traitement *du malade*, le cabinet de Vienne compte bien obtenir de cette dernière qu'elle accepte l'*incurabilité* de l'Italie. En flattant l'Angleterre par la perspective de faire un jour cause commune avec elle contre la Russie, il imposera aisément silence aux scrupules de la libérale Albion, qui, en toutes choses, aime tellement le monopole, qu'elle se contente de voir fleurir dans son île l'arbre de la liberté, sans beaucoup se soucier de le faire prospérer sur le continent, surtout lorsqu'elle trouve moyen *d'y cultiver autre chose.*

Enfin, quant à ce qui se rattache aux relations entre la France et la Russie, on ne voit aucun motif pour que la crise orientale exerce sur elles une influence défavorable. Dans toute cette affaire, la conduite de la France s'est montrée pleine de loyauté ; jamais elle n'a été souillée par quelqu'un de ces actes qui ne laissent plus de place ni à l'estime ni à la franche et cordiale réconciliation. Bien plus, en se rencontrant sur le champ de bataille, les deux nations ont dû reconnaître combien l'une est digne de l'autre et combien, entre deux adversaires aussi égaux, la défaite est sans honte et la victoire sans motifs d'ostentation. Rien n'égale les témoignages de sympathie que les troupes des deux nations n'ont cessé de se donner ; ces témoignages furent trop chaleureux et trop fréquents pour ne point faire ressortir aux yeux des Anglais étonnés et presque scandalisés, l'énorme distance qui sépare les manifestations spontanées, partant du cœur, des démonstrations conventionnelles commandées par les circonstances et réchauffées par les bulletins officiels. Aussi, indépendamment des sentiments de satisfaction que le retour de la paix fait naître dans le cœur de tout citoyen, les dispositions bienveillantes pour la Russie se sont-elles fait jour dans l'explosion de joie générale que produisit en France, mais surtout à Paris, la nouvelle de la signature du traité du 30 mars. Les journaux français applaudirent sans restriction à un acte que le pays tout entier accueillait avec enthousiasme ; tout le monde se rappelle combien ces manifestations d'allégresse contrastèrent avec l'attitude morne et dépitée de l'Angleterre. Ses journaux exhalèrent leur fureur dans des chants lugubres, et plusieurs allèrent jusqu'à déclarer que le seul sentiment que cette paix

dût faire naître, était le *sentiment de la honte et des
regrets* (¹). Sans doute, la dignité nationale ne permit
pas à l'Angleterre de persévérer longtemps dans un
semblable langage, qui prouvait que la Grande-Bretagne acceptait forcément un rôle incompatible avec
son honneur ; mais ces symptômes promptement
réprimés, ou du moins atténués, suffisent pour carac-
tériser d'une manière bien évidente l'énorme différence qui existe entre les dispositions morales appor-
tées par les deux pays dans la crise orientale, et entre
l'influence que cette dernière peut exercer sur les relations entre ces pays et la Russie. Aussi, nous le
répétons, on a déjà complétement oublié en France
que l'on se soit jamais trouvé en guerre avec la Russie, tandis qu'il faudra bien des années, et même du
sang peut-être, pour effacer les traces que ce conflit

(¹) Deux jours avant la signature de la paix, le *Times* écrivait (le 28 mars)
en l'annonçant comme très-prochaine : « Nul doute que la guerre n'ait été
commencée avec de grandes espérances... On s'était figuré que des concessions territoriales ou même une indemnité pécuniaire seraient le résultat de
nos efforts. Mais on voit aujourd'hui que notre triomphe est d'un genre bien
différent. » Le *Sun*, en parlant de la dépêche de Vienne qui annonçait la
réunion du Congrès de Paris et la conclusion prochaine de la paix sur les
bases proposées par l'Autriche, dit : « Le sentiment général depuis la récep-
tion de la dépêche de Vienne est *l'incrédulité et la honte.* » Lorsque les journaux semi-officiels de Vienne déclaraient que l'armistice était la conséquence
naturelle de l'acceptation des propositions autrichiennes par la Russie, le
Morning Advertiser du 17 janvier déclarait à son tour : « Que si l'on signait
« l'armistice, on commettrait la plus grande faute, une faute si incroyable et
« si choquante, que nous ne pourrions jamais l'attribuer à un défaut de juge-
« ment. Le pays ne l'expliquerait que par un *motif criminel.* Le peuple ne
« souffrirait point qu'on fît un essai aussi dangereux de sa patience. » Le
Morning Chronicle du 14 mars 1856, en parlant de l'admission de la Prusse
dans les conférences, dit : « Cette admission est le complément de ce grand
« projet de pacification qui a été proposé à l'Europe et *imposé au gouver-
« nement de notre pays par l'intervention de l'empereur des Français.* »

a laissé sur les rapports de tout genre entre les deux autres peuples.

XIV

La crise orientale n'a que médiocrement modifié les relations entre la Russie et la Turquie, si l'on considère ces relations sous le seul point de vue des dispositions morales des deux nations à l'égard l'une de l'autre. Comme la Turquie n'a pu croire sérieusement aux dangers que l'on grossissait à ses yeux pour lui arracher une déclaration de guerre, comme toute sa conduite n'a été qu'un rôle forcé, elle n'a pu garder à l'égard de la Russie de ces rancunes que le temps n'efface point. Il est vrai que sa réputation militaire n'y a guère gagné, et que par ses actes, son meilleur général a démenti, à la face de l'Europe, les absurdes espérances que proclamaient les journaux et les harangues officielles. A les croire, il ne s'agissait de rien moins pour la Turquie que de renouveler les exploits des Mahomet et des Suleiman (¹), qui, il

(¹) Le cruel désappointement que causa l'éclatant *fiasco* d'Omer Pacha lors de sa fameuse expédition dirigée contre le Caucase dans l'espoir de s'établir à Tiflis, donna lieu à une multitude d'arguments destinés à pallier, à atténuer ce brillant échec si peu en harmonie avec les chants de victoire entonnés d'avance. Malheureusement il n'est même pas prouvé que sous ce rapport le gouvernement turc doive assumer aucune responsabilité ; car, tandis que les journaux anglais prétendaient que l'armée d'Omer-Pacha est vrai, n'eurent jamais besoin de la protection de l'Europe et se contentaient de la faire trembler.

Quoiqu'il en soit, les défaites essuyées par l'armée turque en Asie Mineure sont de nature à causer des regrets plutôt que de l'irritation, parcequ'une longue expérience a familiarisé les populations musulmanes avec cette idée qu'une armée turque ne saurait lutter avec les troupes aguerries et disciplinées de la Russie, sans l'appui direct d'un corps auxiliaire européen. Or, en Asie Mineure les armées ottomanes n'avaient plus cet appui; en sorte que le dénoûment de la lutte ne dut ni étonner ni blesser aucun amour-propre. Tout le monde l'avait prévu; mais tout le monde aussi rend cette justice aux soldats turcs, qu'ils ont fait tout

manquait de tout, le correspondant du *Journal des Débats* du 22 janvier 1856 lui écrivait de Constantinople : « Il n'est pas vrai, comme l'ont prétendu des « journaux d'Europe, que l'armée d'Omer-Pacha ait eu à souffrir des pri- « vations, *jamais armée turque n'a été mieux approvisionnée !* » Il est bien étonnant qu'à cette occasion on n'ait pas employé contre la Russie un des arguments que l'on affectionne le plus chaque fois qu'on ne veut pas lui laisser le mérite d'une action quelconque; dans ce cas, on s'empresse d'in- sinuer qu'elle le doit à son or, sans s'apercevoir que l'on s'expose à tomber dans les contradictions les plus absurdes. Pendant la dernière guerre, on prétendait, on imprimait partout que la Russie est ruinée et que ses finances sont aux abois, et cependant aucun événement désagréable aux alliés ne pouvait se passer sans qu'on l'expliquât par l'influence de l'or russe ! La Russie était censée payer les *Miguelistes* et les *Carlistes* en Espagne et en Portugal, les *Légitimistes* en France, soudoyer le *roi de Naples*, les *États de l'Église*, la *Grèce*, *la Perse*, etc. ; en sorte que la puissance qui n'avait plus un denier dans ses caisses, devenait la distributrice des plus grands trésors que l'on ait jamais employés pour acheter des peuples entiers. Dans tous les cas, ces gigantesques moyens de corruption feraient passer la Russie pour bien plus riche que l'Angleterre; puisque, si cette dernière avait eu les moyens de débourser davantage, elle se serait hâté d'emporter le prix, car employer l'or préférablement au *fer* est une manière d'agir profondément ancrée dans les habitudes et les propensions traditionnelles du gouvernement britannique.

ce qui dépendait d'eux, et que plusieurs revers leur eussent été épargnés sans les fautes nombreuses commises par ceux qui avaient placé la sublime Porte sous leur tutelle responsable. Ainsi, de quelque manière que l'on considère l'effet moral exercé par cette guerre sur les dispositions réciproques entre la Russie et la Turquie, il est difficile d'y constater aucun changement que le temps ne fasse disparaître peu à peu. Bien au contraire, comme nous l'avons déjà observé, la situation toute particulière que le conflit oriental a créée aux alliés, en leur imposant le devoir d'obtenir la réalisation des promesses faites par le Sultan, aura pour résultat de faire naître un jour dans l'empire ottoman une réaction favorable à l'empire russe. Cette réaction prochaine, inévitable, viendra de la part des musulmans, si les alliés se décident à l'occupation militaire, même sous forme extrêmement mitigée; dans le cas contraire, c'est parmi les chrétiens qu'elle aura lieu.

Si les dispositions réciproques de la Russie et de la Turquie n'ont pas été modifiées, moralement parlant, il n'en est pas de même des relations diplomatiques. Celles-ci ont éprouvé, au détriment de la Russie, une complète métamorphose, car les hôtels des ambassades de France et d'Angleterre se trouvent aujourd'hui si rapprochés de celui de l'ambassade de Russie, qu'ils laissent à peine à l'aigle impériale du Nord l'espace nécessaire pour déployer ses ailes. De tous les postes diplomatiques, il n'en est point en ce moment en Europe de plus difficile et même de plus pénible à occuper que celui du ministre de Russie à Constantinople. Il exige non-seulement du talent, mais encore un courage moral et une présence d'esprit à toute épreuve. L'ambassadeur moscovite doit apprendre à oublier le passé, à accepter le présent sans regrets ostensibles, et à ne faire valoir l'avenir que juste autant qu'il faut pour insinuer une espérance légitime, jamais pour formuler une menace. Plus que dans toutes les autres éventualités politiques, la diplomatie russe en Turquie a aujourd'hui tout à gagner du *temps*. Assister avec une indifférence apparente aux travaux perpétuels de cet infatigable opérateur et en pousser ou en arrêter les progrès selon les exigences, sans jamais laisser voir la main qui agit, voilà où se réduit en ce moment la tâche du représentant du cabinet de Saint-Pétersbourg, tâche assez pénible pour celui qui a été habitué à l'allure triomphante du dictateur, et qui se voit contraint de remplacer la pompeuse devise «*ex ungue leonem*» par la devise plus modeste, mais non moins significative : « *cavat gutta lapidem non vi sed cadendo.* »

XV

Nous avons cherché à reconnaître l'influence que le conflit oriental exercera dans l'avenir sur les relations de la Russie avec ses anciens adversaires; il nous reste à examiner celle qu'il est appelé à opérer dans sa constitution intérieure.

Si les relations extérieures de la Russie se sont assez fortement souvent même défavorablement ressenties de la crise orientale, l'influence de cette crise imprévue sur la constitution intérieure, et par conséquent sur l'avenir entier de l'empire, est d'une nature beaucoup plus étendue et en même temps plus avantageuse.

Sous plus d'un rapport l'empereur Nicolas était, tout autant que l'est le pape aujourd'hui, un anachronisme dans notre Europe moderne. Ne voyant dans la puissance souveraine que le simulacre et l'émanation du pouvoir divin, il était franchement et loyalement persuadé que cette puissance participait de l'infaillibilité de sa céleste origine, et que dès lors, le premier et le plus sacré devoir du monarque était de réaliser ici-bas, autant que possible, les principes d'ordre immuable sur lesquels est basée l'éternelle harmonie de la nature. Comme conséquence logique de ce principe, le peuple ne pouvait avoir à ses yeux qu'une mission purement passive; il n'était pour lui que la réunion des rouages de la grande machine que le souverain est exclusivement appelé à faire fonctionner, et pour la conduite de laquelle il ne demande à ses sujets d'autre coopération que celle d'un dévouement aveugle et d'une confiance absolue.

Ces éléments lui paraissant les seuls utiles, il était amené à conclure qu'eux seuls devaient suffire à la prospérité et à la solidité de son colossal empire, et que tout ce qui tendait à y introduire un élément étranger entravait la réalisation de sa mission providentielle. De là cette aversion instinctive pour la popularisation des lumières et le développement des individualités; à ses yeux, les plus grands prodiges de la science et de la civilisation devaient disparaître devant la toute-puissance du patriotisme et du dévouement, qui à eux seuls, croyait-il, pouvaient beaucoup plus sûrement que de longues études et des travaux intellectuels, donner aux hommes désignés par le souverain les qualités nécessaires à l'accomplissement de leurs devoirs spéciaux. Pour conserver à son pays l'avantage du *statu quo*, et en même temps imposer à l'Europe dont les principes et les doctrines menaçaient de troubler cet état de choses, l'empereur Nicolas considérait une nombreuse armée comme la sauvegarde du présent et comme une garantie de l'avenir. D'ailleurs, l'organisation militaire devait être l'objet de toutes les sympathies du Tzar, puisqu'elle réalisait en petit l'idéal qu'il s'était formé de la machine sociale la plus parfaite; l'une et l'autre avait pour base des ressorts inertes systématiquement reliés et soudés, et pour sommet, une force unique qui leur imprimait irrésistiblement le mouvement voulu.

L'armée formait donc pour ainsi dire aux yeux de l'Empereur une véritable caste de Brahmanes où se recrutaient tous les instruments de sa volonté, et vers laquelle il attirait toute la noblesse du pays. Il tenait d'autant plus à voir figurer cette dernière comme partie intégrante de sa *machine sociale modèle*, qu'il ne se dissimulait point que c'est par l'intermédiaire de l'aristocratie, que tôt ou tard, pénétreraient dans le pays les doctrines et les principes du siècle, si opposés à ceux sur lesquels il basait l'édifice de sa souveraineté et de la prospérité de sa nation. En conséquence, la noblesse devint l'objet des mesures les plus arbitraires et tout à la fois les moins propres à produire l'effet qu'on se proposait. Toute éducation à l'étranger fut sévèrement interdite ; les passe-ports ne s'obtenaient que par de longues sollicitations et au prix de droits exorbitants ; la durée de l'absence fut circonscrite dans les limites étroites de cinq années, puis de trois années seulement, et la transgression des termes fixés punie par la destitution personnelle, ou par la confiscation des biens, si l'individu, interpellé de rentrer immédiatement, tardait à obéir.

La force militaire étant l'objet principal des sollicitudes et des sympathies de l'Empereur, elle absorbait la plus grande partie du budget de l'État, qui ne pouvait plus accorder qu'une attention secondaire aux autres branches de l'administration. Ainsi, les ministères des finances et des travaux publics, ces deux artères vitales de la société moderne, étaient pour ainsi dire frappés de mort ; tandis que le système de vénalité et de corruption ravageait comme un cancer rongeur tous les organes du corps social. Faute de voies de communications solidement établies, les immenses espaces, qui dans ce vaste empire

s'entreposent entre les centres producteurs et con-
sommateurs, se trouvaient impraticables aux époques
pluvieuses de l'année; ce qui paralysait ou rendait
impossible toute entreprise et spéculation commerciale faites sur une grande échelle, et entassait une
abondance stérile à côté d'une pénurie factice. Enfin,
comme le libre développement de l'individualité
s'accordait peu avec les principes acceptés comme
véritablement *conservateurs*, et que les instincts de
patriotisme et d'obéissance étaient les titres les plus
péremptoires à la confiance du gouvernement, celui-
ci n'attachait, dans le choix de ses agents, que peu
de valeur à la culture de l'esprit et de l'âme. Or, rien
de plus arbitraire, rien de moins concluant que ces
appréciations de certaines qualités négatives par lesquelles on croit pouvoir remplacer des titres réels.
Il est donc aisé de concevoir combien un tribunal
destiné à prononcer d'après un tel code sur les
capacités intellectuelles du pays, a dû ouvrir un
champ immense au népotisme et aux intrigues;
aussi les postes administratifs et militaires furent
envahis par une nuée compacte de nullités, plus ou
moins nuisibles, selon que les fautes commises pro-
venaient de l'ignorance et du manque de tout développement moral et intellectuel, ou qu'à ces défauts
involontaires se joignait l'esprit de rapacité et de pré-
varication, qui malheureusement, n'avait que trop
d'aliment et d'excuse dans l'exiguïté des rétributions
accordées aux fonctionnaires publics.

Voilà quelle était la situation intérieure de la

Russie quand creva inopinément l'orage qui s'amoncelait sur sa tête ; mais, d'un autre côté, voici les avertissements qu'elle en recueillit et les chances favorables qui se présentèrent pour en profiter. Dès le commencement de la campagne, l'empereur Nicolas découvrit avec étonnement que la plus haute civilisation, loin d'affaiblir l'esprit militaire, ne fait que le consolider, en donnant aux officiers un rôle plus efficace et au soldat un élan et une énergie morale que le patriotisme et le dévouement au trône ne sauraient remplacer ; puisque les idées d'honneur et de gloire sont aussi sûrement développées par l'individualisation des soldats, qu'elles se trouvent paralysées par l'absorption de ces derniers à l'état de machine inerte dans la personne du souverain. L'empereur Nicolas découvrit avec non moins de surprise que le patriotisme et le dévouement ne suffisaient point pour atténuer l'immense avantage que possédaient ses adversaires, en mettant au service de leurs armées les ressources artificielles qui abrègent l'espace et le temps. Tandis que des chemins de fer et des bateaux à vapeur transportaient sur le sol éloigné de la Russie, une foule compacte d'ennemis aussi robustes et aussi frais que s'ils venaient de quitter leurs casernes (¹), les longues files de troupes qui de tous les points de son vaste empire marchaient péniblement au secours de la

____

(¹) Des chiffres irrécusables présentés aux Chambres et au Parlement ont prouvé que dans le courant de la guerre d'Orient, c'est-à-dire à peu près dans l'espace de trente mois, les vaisseaux anglais ont transporté d'Europe en Asie 455,805 *hommes*, 54,000 *chevaux* et 540,000 *tonnes d'approvisionnements*.

Crimée envahie, épuisaient dans une lutte ingrate
avec les boues, les neiges, souvent même avec la faim,
des forces et un courage dignes d'une lutte plus glorieuse. L'empereur Nicolas découvrit encore que la
soumission passive ne met pas à l'abri des plus cou-
pables négligences. Chaque jour il constatait des
actes immoraux et antipatriotiques de la part des
fonctionnaires dont il avait la plus haute idée ;
chaque jour des couriers lui apportaient la nouvelle,
tantôt de la non-existence de dépôts d'approvisionnements là ou à grands frais il croyait les avoir établis,
tantôt de l'état ruineux ou même de l'absence complète des forts qui figuraient sur les registres officiels
comme des constructions solides et spacieuses, et qui
à ces titres, auraient parfaitement justifié les énormes
sommes qu'elles avaient coûtées.

En un mot, une foule de révélations, les unes plus
tristes et plus inattendues que les autres, vinrent
ébranler dans l'esprit inflexible de l'empereur
Nicolas sa confiance en lui-même, et lui prouver
que quelques mois avaient suffi pour dissiper le rêve
de toute une vie. L'édifice à la consolidation duquel
il avait consacré vingt années d'un règne glorieux lui
apparut tout à coup sous la forme vaporeuse d'un
mirage trompeur, d'une funeste illusion !!! De quelque trempe que soit un homme, un souverain, de
telles révélations occasionnent une secousse terrible,
et il n'est pas besoin d'expliquer par d'autres causes
la mort si soudaine du Tzar. Les échecs momentanés
de ses armées n'auraient pas suffi pour briser ce co-

losse inébranlable, car ces revers ont été presque toujours aussi honorables à ceux qui les subissaient qu'à ceux qui les infligeaient, et il savait parfaitement qu'en voyant les murs de Sébastopol, après une héroïque résistance de presqu'une année, tomber sous les efforts réunis des flottes et des armées les plus puissantes de l'Europe, le monde se demandait : lequel des deux rôles avait été le plus glorieux, celui du conquérant ou celui du défenseur de cette immense citadelle maritime. (¹) Non, des événements de cette nature étaient impuissants à porter le coup mortel à l'âme énergique de ce grand homme; mais ce qui a dû la terrasser, c'est la conviction d'avoir, quoique involontairement, suscité contre son pays un orage qu'il lui était impossible d'affronter avec succès, non faute de ressources, mais parce qu'une funeste erreur avait fait négliger le développement de celles dont le besoin se révélait avec une si désolante rapidité. Brisé dans ses espérances, calomnié par ses ennemis, qui ne pouvaient ni ne voulaient descendre au fond de son cœur pour y lire le plaidoyer noblement explicatif de ses fautes et de ses erreurs, cette nature loyale et fière n'était plus du ressort d'un tribunal humain. C'est alors qu'elle déploya ses ailes pour remonter vers son juge suprême, en léguant à son fils la haute mission

(¹) Dans la séance de la Chambre des Communes du 1er mai 1856, M. Disraeli a prononcé ces paroles significatives : « Quelle honte !... la Russie, par « ses seuls efforts, s'est jouée pendant près d'une année des forces réunies « de la France, de l'Angleterre, de la Sardaigne et de la Turquie ; bien plus, « elle a pu envoyer une armée en Asie Mineure ! »

d'arracher ce peuple pour lequel il vécut et mourut, à la fausse voie où il l'avait fait entrer, et de l'élever au rang qui lui est providentiellement réservé.

Cette mission, la plus grande mais aussi la plus difficile qu'ait jamais reçue un jeune souverain, l'empereur Alexandre II, il faut l'espérer, la remplira dignement, et l'histoire, dont le jugement n'est souvent qu'un écho tardif de l'opinion éclairée, fera asseoir le régénérateur de la Russie à côté du monarque qui en fut le créateur, Pierre le Grand. Les pronostics les plus favorables semblent annoncer que le nouveau Tzar n'est point au-dessous du rôle qu'il est destiné à jouer sur la scène du monde, et déjà les cœurs de ses sujets, ouverts tous à l'espérance, le consacrent par leurs prophétiques bénédictions. Appréciant toute l'importance du concours des hommes qui représentent fidèlement l'esprit de notre époque, il s'empressera d'appeler autour de lui ceux qu'un régime funeste avait frappés de découragement, et avait forcés de quitter une patrie qu'ils ne pouvaient qu'aimer, plaindre et regretter. Loin d'admettre l'incompatibilité supposée entre la plus haute civilisation et l'exercice des plus mâles vertus civiques ou guerrières, il reconnaîtra que dans le siècle où nous sommes, la force c'est la civilisation, et que le patriotisme, le dévouement au souverain et au pays sont en raison directe avec le libre développement des facultés intellectuelles, parce qu'elles seules permettent d'apprécier les choses à leur juste valeur, et que, par conséquent, le citoyen éclairé défendra toujours avec bien plus d'énergie et de succès ce qu'il aime ou croit nécessaire, que ce qu'il craint ou accepte par aveugle obéissance. En substituant des principes de vie à un régime qui reposait sur des germes de mort, Alexandre II ne fera qu'employer les seuls moyens capables de réaliser le noble but que Nicolas Ier n'a jamais pu atteindre, précisément parce qu'il s'était trompé dans le choix des moyens. Rien de plus consolateur pour les mânes de l'auguste défunt que la glorieuse purification de sa mémoire, et c'est avec un légitime courroux inspiré par la piété filiale, que l'héritier de ce grand nom devra repousser quiconque essayerait d'empêcher cette sainte réhabilitation, quiconque voudrait s'opposer à ce qu'on fit disparaître quelques taches légères qui en ternissent la splendeur.

Aveugles prosélytes du passé, vos efforts sont impuissants à le conserver ou à le ressusciter; vous commettez un double sacrilége; car, en perpétuant le souvenir des fautes de votre ancien maître, vous profanez sa mémoire sous le prétexte de le servir, et en même temps, vous enlevez à son noble héritier la gloire de les réparer!

Les vœux de toute l'Europe civilisée accompagneront Alexandre II dans sa nouvelle et brillante carrière; et si Dieu lui accorde des jours assez nombreux pour la parcourir jusqu'au bout, elle sera sans doute signalée par les événements les plus mémorables et les plus variés peut-être. En effet, il ne faut pas se le dissimuler, tout en arborant la branche d'olivier, tout en la prenant pour emblème de son règne conciliateur, il serait imprudent de murer les portes du temple de Mars, puisque, dans telles circonstances données , le jeune monarque ou le plus proche de ses successeurs peuvent être dans le cas de les ouvrir de nouveau.

Concluons donc comme nous avons débuté : Le traité de Paris, qui termine provisoirement la question orientale, n'a pas sauvé la Turquie, et surtout il n'a point étouffé le germe d'un lutte future entre la Russie et l'Angleterre. Ce germe ne périra point; il portera ses fruits à l'époque ou la Russie régénérée aura mis en jeu les immenses ressources qu'elle renferme, et au développement desquelles son gouvernement se prépare à travailler sans relâche. Lorsque des voies ferrées traverseront ses plaines fécondes, lorsque des bateaux à vapeur animeront les eaux de la Caspienne, de l'Aral et de l'Amour, et porteront dans le cœur de l'Asie centrale sa dominaton toute civilisatrice, alors, en se rapprochant de plus en plus du théâtre sur lequel s'exerce à loisir l'ambition britannique, la Russie entendra sonner l'heure destinée à la réalisation du legs du Congrès de Paris; alors elle saisira l'occasion d'imiter la France, qui vient d'acquitter le legs du Congrès de Vienne; alors, mais alors seulement, la guerre avec l'Angleterre sera une nécessité nationale, comme l'a été pour la France impériale la guerre d'Orient. Comme cette dernière, la Russie sentira le besoin de payer une ancienne dette. Le souverain qui donnera le signal de cette sanglante liquidation aura l'immense avantage de l'opérer argent comptant, et il pourra dire, en s'adressant aux mânes apaisés de l'empereur Nicolas : « Cette « fois, nous sommes prêts, et les chances de la lutte « sont égales. »

Rien de plus difficile que de préciser l'époque où ce dénoûment aura lieu; mais il n'en est pas moins certain que lorsqu'on se dit, que d'un côté, la catastrophe finale ne sera que la conséquence directe de la crise d'Orient, et que de l'autre côté, le traité de Paris, et surtout le brandon incendiaire qui y a été attaché sous le nom de *convention du 15 avril*, cachent dans leur sein des étincelles qui ne tarderont point à mettre en feu l'Italie et la Turquie, on ne peut s'empêcher de répondre *négativement* à cette grave et importante question :

La paix de Paris est-elle une paix solide?

www.ingramcontent.com/pod-product-compliance
Lightning Source LLC
Chambersburg PA
CBHW061752050726
47598CB00002B/715